알아야 박사를 하지

알아야 박사를 하지

초판 1쇄 발행 2025년 6월 23일

지은이	김도운
발행인	권선복
편 집	권보송
디자인	김소영
전자책	서보미
마케팅	권보송
발행처	도서출판 행복에너지
출판등록	제315-2011-000035호
주 소	(157-010) 서울특별시 강서구 화곡로 232
전 화	0505-613-6133
팩 스	0303-0799-1560
홈페이지	www.happybook.or.kr
이메일	ksbdata@daum.net

값 20,000원

ISBN 979-11-93607-88-6 (93190)

Copyright ⓒ 김도운, 2025

* 이 책은 저작권법에 따라 보호받는 저작물이므로 무단전재와 무단복제를 금지하며, 이 책의 내용을 전부 또는 일부를 이용하시려면 반드시 저작권자와 〈도서출판 행복에너지〉의 서면 동의를 받아야 합니다.
* 잘못된 책은 구입하신 곳에서 바꾸어 드립니다.

도서출판 행복에너지는 독자 여러분의 아이디어와 원고 투고를 기다립니다. 책으로 만들기를 원하는 콘텐츠가 있으신 분은 이메일이나 홈페이지를 통해 간단한 기획서와 기획 의도, 연락처 등을 보내주십시오. 행복에너지의 문은 언제나 활짝 열려 있습니다.

박사가 되는 험난한 길의 착실한 내비게이션

알아야 박사를 하지

김도운 지음

도서
출판 행복에너지

책을 내며

대학원이 뭔지, 박사가 뭔지도 제대로 모르고 박사과정에 입학했다. 석사과정을 특수대학원에서 어렵지 않게 보낸 덕에 박사과정에 대한 두려움이 없었다. '석사보다 조금 더 어렵겠지.'하고 생각했던 거 같다. 무식하면 용감하다고 했던가. 무지하니까 용기를 냈던 거다. 입학 후 수업(course work)에 열중이던 어느 날이다. 당시 야간에 수업을 진행하신 교수님께서 수업 후 수강생을 막걸리 집으로 모이게 했다. 가볍게 막걸리 잔을 나누던 중 교수님께서 질문하셨다. "김도운 선생! 김 선생은 왜 박사를 하려고 해요?" 갑작스러운 질문에 뭐라 답해야 할지 몰랐다. 그러던 중 엉겁결에 "남은 인생을 박사로 살고 싶어서요."라고 대답했다.

엉겁결에 한 대답이지만, 실상 그게 정답이었다. 박사가 돼 무얼 하겠다는 생각이 없었다. 그냥 '석사를 했으니까, 박사도 해볼까?'라는 정도의 생각뿐이었다. 언감생심(焉敢生心) 누구처럼 교수가 되겠다는 생각도 하지 않았고, 연구원이 된다는 생각도 해보지 않았다. 막연히 박사가 되고 싶었다. '박사'라고 불리고 싶었다. 그렇게 아무것도 모르고 시작한 박사과정은 자그마치 10년이 지나서야 끝낼 수 있었다. 그만큼 준비가 부족했다. 모든 과정을 하나하나 경험한 후 이해하고 깨달았다. 그러니 더디고 힘겨울 수밖에 없었다. 모든 과정을 겪고 나니 대학원 생활, 논문 쓰기 등을 누군가에게 설명할 수 있을 정도로 알게 되었다.

전국의 대학원에는 나처럼 아무런 사전 준비 없이 덜컥 입학해 무대책이 대책인 대학원생이 많을 거로 본다. 그들의 답답한 심정을 잘 안다. 누군가 제때 정보만 줬어도, 미리 신경 써서 일정을 챙겼어도 한결 수월하게 박사과정을 밟을 수 있었을 텐데. 쉽게 갈 수 있던 길을 돌아 돌아 멀리 가야 했던 늦깎이 박사과정 대학원생의 고충을 잘 안다. 그들의 수고를 덜어주고 싶은 마음에 이 책의 집필을 결심했다. 동병상련(同病相憐)의 심정으로, 그들이 한 학기라도 먼저 학위논문을 쓰고 졸업의 관문을 통과하길 바라는 마음으로 이 책을 썼다.

책의 집필에 앞서 몇 권의 유사(類似) 도서를 사서 읽어보았다. 논문을 쓸 때도 선행연구 논문을 여러 편 읽고 참고해야 하듯, 책을 쓸 때도 유사 도서를 읽는 일부터 시작해야 한다. 그런데 하나같이 교수나 연구원을 목표로 하는 전일제(全日制·full-time) 원생 출신이 지은 책이다. 당연히 포커스 자체가 전일제 학생에게 맞춰있다. 직장을 가진 시간제(時間制·part-time) 학생과 차이가 있다. 생각하는 바가 다르고, 처한 상황이 다르기 때문이다. 직장인으로 파트타임 박사과정에 다니는 대학원생을 위한 책을 따로 써야 할 필요성을 느꼈다. 그래서 박사학위 최종 통과 직후부터 이 책의 집필에 나섰다. 그만큼 마음이 급했다.

일반대학원의 박사과정은 무척 힘들다. 해본 사람만 안다. 해보지 않은 사람은 도무지 그 어려움의 정도를 헤아리지 못한다. 대학원은 초중고나 대학 학부처럼 시간이 지나면 그냥 졸업하는 시스템이 아니다. 특히 석사와 달리 박사는 인고(忍苦)의 시간을 보내야 졸업이란 관문을 통과할 수 있다. 박사과정에 많은 사람이 도전하지만, 실제 졸업의 관문을 최종 통과하는 사람의 비율은 높지 않다. 수료 상태에서 포기하는 이들이 그만큼 많다. 특히 직장인 중 박사학위에 도전하는 이들은 중도 포기 비율이 전일제 원생과 비교할 때 월등히 높다. 곁에서 도와줄 사람이 없어서 그렇다. 혼자 가려니 힘들어서 포기하는 거다.

포기하지 않았으면 좋겠다. 박사가 되고 나면 삶이 달라진다. 내가 세상을 보는 눈이 달라지고, 세상이 나를 보는 눈이 달라진다. 길고 고달픈 세월을 극복한 후 바라보는 세상은 아름답다. 난 그 어려운 과정을 극복했기에 지금 여유로운 마음으로 이 책을 쓰고 있다. 박사는 남은 생을 박사로 살아간다.

죽고 나서도 박사로 이름을 남긴다. 그걸 왜 포기하나? 눈앞의 금전적 이익을 얻어야만 목표로 하고, 성취할 가치가 있다고 생각하는 사람이라면 포기한대도 말리고 싶지 않다. 그런 의식의 소유자라면 박사가 될 자격이 없다. 그렇지 않다면, 포기하지 마시라. 이 책이 도와줄 것이다.

박사과정을 진행하는 10년 동안 어깨에 쌀자루 한 포대를 이고 사는 것 같았다. 뭘 해도 마음이 불편했다. 놀아도, 여행을 가도 마음 한구석이 불편했다. '학위과정은 계속 뒤로 미루면서 놀고 싶은 마음이 생기냐?'라고 자책하는 마음이 생겼다. 이제 그 무거운 짐을 벗어 던졌다. '홀가분'이란 말의 참뜻을 온몸으로 경험하고 있다. 이 책을 쓰는 마음도 가볍고 상쾌하다. 전에 내가 썼던 책은 석사가 쓴 책이었지만, 지금의 이 책은 박사가 쓰는 책이다. 그것부터가 달라진 점이다. 이 기분을 느끼고 싶은 박사과정 대학원생이라면 나를 따라오시라. 한결 빠른 길을 안내해 줄 테니.

무식하고 용감해서 치밀하게 알아보지도 않고 겁도 없이 대학원 박사과정에 도전장을 내민 전국의 박사 후보들이여! 이 책이 진심 당신들에게 도움을 주고, 용기를 주는 책이길 바란다. 아울러 '나도 박사가 되고 싶다'라는 생각을 품고 주저주저 망설임의 세월을 보내고 있는 예비 대학원생도 이 책을 읽고 용기를 내 과감하게 대학원에 도전장을 내기 바란다. 비록 남보다 오랜 시간이 걸렸지만, 아무런 기초지식도 없이,

도움받을 사람도 없이 시작한 나도 결국 해냈지 않은가. 100세 시대를 살아가면서 늦은 나이를 한탄하지 마시라. 50대 중반의 나이에 학위를 받은 나도 30년 이상 박사로 살아갈 수 있다.

대한민국은 세계 역사상 존재했던 수많은 국가 중 학문의 가치를 가장 숭상하는 나라다. 대한민국에서 학자라는 이름으로 살아가는 것은 대단히 영광스러운 일이다. 지나친 학벌 지상주의와 과잉 교육열로 인한 폐단도 있지만, 세계 최빈국 대한민국이 학문의 가치를 높이 평가하고, 배운 사람을 존경하는 문화 속에 성장하고 지금의 위치에 이르렀음은 부정할 수 없다. 어려운 여건 속에서 묵묵히 박사학위를 목표로 논문과 씨름하며, 학문의 길을 가고 있는 수많은 대학원생에게 갈채를 보낸다. 그들의 미래를 축복하는 마음을 담아 보낸다.

대학원에서 지도교수는 절대적 존재다. 가장 어려운 대상이고, 가장 가까이해야 할 대상이기도 하다. 그러나 여러 정황상 파트타임 원생이 지도교수와 가까이 지내기란 쉽지 않다. 내 경험에 의하면 졸업논문의 완성도가 높아지며, 학위 취득의 날이 가까워질수록 지도교수가 그토록 위대해 보이고, 존경스러울 수가 없다. 수업 때 느낄 수 없던 학문적 깊이를 알게 되고, 제자의 논문 통과를 위해 수고로움을 무릅쓰고, 희생을 감내하는 모습을 보면 존경스러운 마음이 저절로 생긴다. 지도교수께서 저토록 애써주시는데 기대에 어긋나면 안 된다는 생각에 막판 논문 집필을 위한 에너지를 바닥까지 긁어모을 수 있게 된다.

　대중성이 없이 소수만이 관심을 가질만한 내용으로 시장성을 담보할 수 없는 책이지만, 기꺼이 출판할 수 있게 도와주신 도서출판 행복에너지의 권선복 대표님께 진심 고마운 인사를 드린다. 나를 아는 세상 모든 분께 감사의 마음으로 이 책을 세상에 내놓는다.

2025년 초여름 儒城 省悟齋에서
김도운 박사

목차

책을 내며   4

제1장
대학원 바로 알기

달라지는 공부의 의미	16
황홀한 고통의 세계	20
문제의식의 생활화	24
시작도 논문, 끝도 논문	27
세상에 없는 지식의 생산	31
논문 쓰기 면허연습장	34
일반대학원, 특수대학원, 전문대학원	38
전일제(full-time)와 시간제(part-time)	46
대학원의 서열화	49
같은 학교 같은 전공, 다른 학교 다른 전공	53
학회 활동	57
대학원 용어들	60

제2장

박사가 뭐길래

박사(博士)의 의미	**72**
박사와 석사의 차이	**75**
성실한 자만 밟을 수 있는 고지	**79**
멀고 험한 길	**83**
수료와 졸업	**86**
학위논문제출자격시험	**89**
국내에는 얼마나 많은 박사가 있나	**92**
국내 박사와 국외 박사	**97**
교수와 연구원	**100**
박사가 되면 달라지는 것들	**105**
학자의 삶, 품위와 품격	**110**
학위가 보장해 주는 건 아무것도 없다	**114**
작은 기회부터 찾아온다	**118**
모든 교수는 박사인가	**122**

제3장

지도교수의 존재

대학원생에게 지도교수란	**126**
지도교수의 선택	**130**
지도교수의 인격	**134**
지도교수는 늘 바쁘다	**138**
지도교수와 소통법	**143**
연구안내자이자 연구동반자	**147**
가장 어려운 존재, 가장 친해야 할 존재	**151**
졸업해도 이어지는 인연	**155**
교수의 안식년제와 교환교수제	**158**
제1 저자와 책임저자	**162**
입학할 때와 졸업할 때	**167**
청탁금지법과 지도교수	**173**

제4장
논문이 뭐길래

논문이란 어떤 글인가	178
피드백(feedback)과 코멘트(comment)	183
학위논문과 학술지논문	187
학술지의 종류와 등급	192
연구방법론	196
학술지에 논문 싣기	201
참고문헌	205
학위논문 심사의 선행 조건	209
논문 검색	215
학술지논문 활용 학위논문 쓰기	218
논문에 집중 또 집중	222

제5장

마지막 관문
논문 발표와 심사

첫 관문 연구계획 발표	226
두 번째 관문 공개발표	230
생사의 갈림길, 심사	233
1차 심사	237
2차 심사	241
논문 심사위원의 선정	245
엄숙한 의식의 장	248
발표의 기술	252
초 죽음 3개월	255
논문이 뭔지 깨닫는 순간	258
사라진 초고	261
완벽주의 함정	264
옛말이 된 표절 시비	267
논문의 보관	271
학위수여식	275

집필을 마치고 278

제1장

대학원 바로 알기

달라지는 공부의 의미

　사전은 '공부'를 '학문이나 기술을 배우고 익힘'이라고 정의하고 있다. 그러나 한국 사회에서 통용되는 공부란 '주어진 학습량을 채우고, 그것을 최대한 많이 암기하여 시험을 잘 치를 수 있게 준비하는 고통스러운 과정' 정도로 이해할 수 있다. 즉, 뭔가 평가받고 인정받기 위해 시험을 치러야 하고, 그 시험에서 높은 성취를 달성하기 위해, 좋든 싫든 해야 하는 게 공부라는 인식이 강하다. 본래 학습, 학문이라 하면 인간이 타고난 지적 호기심을 발동하여 뭔가를 알려고 노력하고, 그런 과정에서 기쁨과 만족감을 찾는 걸 가장 이상적인 모형으로 본다.

　하지만 한국 사회에서 공부란 입시를 위한 준비, 생계를 위한 수단이나 방법의 의미가 아주 강하다. 그래서 하기 싫어도 해야 하는 일, 지겹고 힘겨운 일 등의 이미지로 각인돼 있다. 그러나 같은 말이라도 '학습'이라고 하면 더 진중한 느낌으로 다가오고, 공부라는 말보다는 자발적인 느낌이 든다. 학령기인 초중고생 나이에 공부가 좋아서 하는 사례가 과연 얼마나 될까. 대학생도 마찬가지다. 마지못해 시험을 치르고, 평가받아야 한다는 강박관념에 주어진 학습량을 채우는 데 급급해 있을 뿐, 필요를 느끼고 자발적으로 지식을 확장하기 위해 노력하는 일은 없다.

　학습지 광고에 '자기주도 학습'이란 문구를 사용하는 걸 본 적이 있다. 자기주도 학습이란 공부가 필요하다고 느껴 스스로 학습하는 걸 일컫는 말인데 아이에게 자기주도 학습을 기대한다는 건 어림없는 얘기다. 자기주도 학습을 위해서는 몇 가지 조건이 필요하다. 첫째는 자기가 좋아하는 과목이어야 한다. 그리기가 됐든 만들기가 됐든 자기가 좋아하는 학습은 스스로 한다. 해야만 한다는 의무감이 주어진 학습을 자기 주도적으로 하는 일은 기대조차 하지 말아야 한다. 둘째는 평가가 없어야 한다. 당락을 결정짓거나 서열을 매기기 위한 평가가 동반되는 순간 자기주도 학습은 사라진다. 자기주도학습은 즐기면서 하는 성인 학습의 특징이다. 학습지 회사가 그럴 듯하게 카피해 광고로 써먹은 것뿐이다.

　초중고와 대학 학부까지의 학습은 익히고, 외우고, 평가받는 것이었다. 대개 수업이란 일 방향적인 것이었다. 간혹 토론식 수업을 하기도 하지만, 지극히 제한적이다. 초중고 교과서 내용을 토론식으로 수업하면 수십 년이 걸려도 소화하지 못할 것이다. 또한 토론식으로 학습하려면 학급당 인원을 10명 안팎까지 줄여야 할 것이다. 교과목과 학습량도 대폭 줄여야 한다. 6년, 3년, 3년, 4년 모두 합해 16년간 일 방향 수업과 평가에 익숙해졌고, 그걸 공부 또는 학습이라고 여겼다. 많이 외우고 그걸 답안지에 얼마나 많이 정확하게 옮기느냐를 실력으로 인정받았다. 그게 가장 공정하다는 생각까지 굳어졌다.

그러나 대학원에 진입하는 순간, 일 방향 수업은 사라진다. 평가도 사라진다. 학습에 대한 강요도 없다. 1부터 100까지 모든 과정을 본인이 결정해야 한다. 모든 수업은 발표와 토론이다. 각자가 맡은 부분을 정리해서 수업 참가자에게 인쇄물 형태로 나눠주고 발표하는 형태다. 발표 후에는 그 내용을 가지고 토론하는 게 대학원 수업의 기본이다. 교수는 나중에 그걸 정리해 주는 역할을 한다. 어차피 정해진 답이 없는 토론이다. 대학원은 시험을 보지 않는다. 그러나 평가는 한다. 대개 과제물을 제출한다. 과제물은 학기 초 수업 시작 무렵에 부여한다. 간략한 논문 형태로 제출하는 게 기본이다.

초중고에 걸쳐 학원 뺑뺑이를 돌며 문제 맞히기에 최적화하는 걸 공부고, 학습이라고 여긴 이들에게 대학원은 낯설기만 하다. 대학까지만 해도 초중고 시절과 비슷하게 하면 학점 잘 받고 공부 잘한다는 소릴 들었다. 그러나 대학원은 딴 세상이다. 족집게 과외 선생도 없고, 사지선다 또는 오지선다 문제도 없다. 문제에는 명료한 답도 없다. 평가가 없으니, 석차와 서열도 없다. 뭔가를 달달 외울 필요도 없다. 학습을 강요하는 사람도 아무도 없다. 정해진 학습량을 주고 그걸 확인하는 일도 없다. 모든 걸 알아서 하는 시스템이다. 초중고 때 공부 잘했다고 칭찬받던 찍기 도사들이 같은 방법을 고수할 경우, 살아남을 수 있는 곳이 아니다.

  학습하는 방식만 달라지는 게 아니다. 학습의 의미가 바뀐다. 대학원에 진학했다는 건 연구자가 되겠다는 것이다. 연구자는 세상에 없는 사실을 새롭게 밝혀내는 일을 하는 사람이다. 관심 분야에 늘 의문을 가져야 하고, 그 의문을 내가 직접 풀어내겠다는 마음을 가져야 연구자가 될 수 있다. 연구란 자연과학적 실험만을 의미하는 건 아니다. 인문이나 사회계열도 늘 문제의식을 느끼는 가운데 세상을 바라보는 습관을 들여야 성과를 낼 수 있다. 인문이나 사회계열도 설문지나 면담 등을 통해 답을 찾아가는 과정을 연구라고 칭한다. 대학원은 지식을 주입하는 곳이 아니라 자신이 가진 의문에 대한 해답을 스스로 찾아가는 곳이다.

  대학원에서는 공부니, 학습이니 하는 말을 잘 쓰지 않는다. '연구'라는 말을 주로 쓴다. 대학원은 누가 가르쳐 주는 걸 조건 없이 외우고 그걸 시험 보고 성취도를 평가하는 방식의 학습이 없다. 자기가 궁금해하는 문제를 '연구'라는 과정을 통해 스스로 해결하고 답을 찾는 걸 목표로 한다. 그 궁금증을 해소하기 위해 어떤 생각을 하고, 어떤 연구 방법을 동원해 풀어냈는가가 중요하다. 궁금한 게 없고, 그걸 알아내고 싶은 욕구가 없는 사람이라면 굳이 대학원에 진학할 이유가 없다. 하루하루가 고통의 연장일 뿐일 테니까.

황홀한 고통의 세계

학습은 인간에게 기쁨을 주기도 하지만, 고통을 안겨주기도 한다. 인간은 미처 몰랐던 사실을 새롭게 알게 되면 즐거움에 빠진다. 누구나 새로운 사실을 알게 되면서 기쁨을 느낀 경험이 있을 거다. 호모사피엔스인 인간은 끊임없이 앎의 세계를 확장하려 하고, 새로운 지식을 쌓아가며 즐거움에 빠진다. 인간은 아는 즐거움을 즐긴다. 호모사피엔스란 이성적인 사고능력을 인간의 본질로 파악하는 인간관을 나타내는 표현이다. 이성적으로 사고하고, 그 능력을 통해 새로운 것을 알고자 하여, 스스로 방법을 찾아내는 인간의 특성을 반영한 것이다. 그러니 학문적 호기심이 없다면 호모사피엔스라 할 수 없다.

학계에서 주입식 교육을 비판하는 이유는 호모사피엔스의 특성을 부정하는 교육법이라고 여기기 때문이다. 인간은 새로운 지식이 필요하면 사색하고 탐구하여 답을 찾는다. 그러나 주입식 교육은 정해진 답을 일방적으로 전달하고 암기하도록 강요한다. 사색할 기회를 주지 않아 사고력을 키울 틈을 허용하지 않는다. 마음껏 생각하고, 실험하고, 실패를 거듭하다가 새로운 사실을 발견하는 게 진정 호모사피엔스다운 학습이다. 대학원은 자신이 던진 문제에 자신이 답하는 탐구학습을 하는 곳이다. 그래서 대학원에서는 학습이나 공부 등의 말보다는 주로 '연구'라는 용어를 사용한다.

초중고를 거쳐 대학의 학부까지 일 방향 수업에 익숙해 있는 이들이 대학원에 진학하면 전혀 달라진 환경에 어색함을 느낀다. 대학원은 원생이 아무것도 하지 않아도 아무도 나무라지 않는다. 아무것도 하지 않고 주어진 수업만 듣는다면 대학원은 편한 곳이다. 그러나 그렇게 편안함만 좇다 보면 졸업을 할 수 없을 뿐 아니라 아무것도 얻을 수 없다. 대학원은 논문을 작성해야 졸업할 수 있다. 논문이란 세상에 없는 새로운 지식을 창출해 내 그걸 논리적인 형식으로 작성한 글이다. 세상에 없는 새로운 사실을 밝혀내는 게 만만한 일은 아니다. 새로운 사실을 밝혀내지 못하면 논문을 쓸 수 없다. 논문을 쓰기 위해서는 늘 사색하고 연구해야 한다.

대학원의 모든 과정은 논문을 쓰기 위한 준비다. '코스웍'이라고 불리는 수업도 논문을 쓰기 위한 준비 과정이고, 수시로 열리는 세미나의 발표와 토론도 논문 쓰기를 위한 활동이다. 학회에 가입해 학술 활동에 참여하는 것 또한 논문 작성을 전제로 한 학습 활동이다. 대학원은 논문 쓰기를 배우는 곳이다. 논문을 쓰기 위해서는 세상에 없는 새로운 사실을 밝혀내야 한다. 그것이 아주 작은 것이라도 나름의 의미가 있다. 성을 쌓는 데 모래 한 줌을 보탠다는 심정으로 세상에 없는 사실을 밝혀내는 데 일조하려는 마음이 연구하는 자세다. 대학원은 그 자세를 원한다.

자세만 원하는 게 아니다. 성과도 원한다. 성과를 얻기 위해선 연구가 필수다. 과학적으로 검증된 연구 방법을 통해 얻어낸 결과를 논문이라고 하는 아주 정형화된 형태의 글로 작성해 학계가 공인하는 학술지에 발표하고, 이를 학계가 공유한다. 대학원은 이 과정을 배우는 곳이다. 의문과 문제의식을 느끼고, 그 문제를 스스로 풀어내고, 그걸 논문으로 작성해서 학자들에게 인정받고, 공유하는 과정은 몹시 어렵다. 익숙해지기까지 오랜 시간이 걸린다. 시간만 오래 걸릴 뿐 아니라, 과정도 어렵다. 그 모든 과정을 대학원에서 터득한다. 그래서 대학원은 고통스러운 곳이다.

하지만, 그 고통을 즐길 줄 아는 사람이 살아남는 곳이다. 매운 음식을 땀 흘려가며 먹는 사람은 소위 매운맛을 즐기는 사람이다. 매운맛은 혀를 자극해 고통을 안길 뿐 아니라 몸에 땀이 나게 한다. 즐기지 않는 사람에게 매운맛은 고통뿐이다. 그러나 누군가는 그 매운맛을 좋아하고 즐긴다. 그들에게도 매운맛은 자극적이고 고통스럽다. 학문하는 건 매운맛을 즐기는 것에 비유할 수 있다. 누군가에게는 고통스럽기만 한 일이지만, 누군가에게는 고통스러우면서도 희열을 느끼는 황홀한 체험이다. 그 고통을 황홀하다고 여기는 사람이 학문하는 사람이다.

연구라는 몹시 힘겹고 따분한 과정을 극복하고, 새로운 성과를 얻어내며 느끼는 황홀함을 위해 학문하는 이들이 존재한다. 연구를 통해 얻은 성과를 논문이라는 형식적 글로 작성해 세상에 알리고, 세상에 보탬을 주는 일을 지겹고 힘들다고 생각하면 학문하는 자세가 아니다. 고통과 인내가 동반되지 않는 연구는 없다. 입대를 늦추기 위해, 취업의 경쟁을 피해, 대학원에 입학했다면 고통을 황홀하게 받아들이기 어렵다. 연구 자체를 즐길 줄 알아야 대학원 생활이 행복해진다. 처음부터 황홀할 리는 없다. 익숙해지면서 황홀함을 체험할 수 있다. 대학원은 그 황홀의 세계로 가는 방법을 터득하는 곳이다.

문제의식의 생활화

세상은 늘 변한다. 가만히 있는 것처럼 느껴지지만, 세상 어느 분야든 미미한 변화가 이어지고 있다. 세상이 변하지 않는다면 인간의 호기심은 대단히 제한적이었을 것이다. 세상이 시시각각 변하기 때문에 그 변화에 대한 궁금증이 생기고 커졌을 것이다. 변화는 '어떻게 일어날까?'의 의문과 함께 '왜 일어날까?'의 의문을 동반한다. 인간이 인간을 포함한 세상의 변화는 왜 일어나는 것이며, 어떻게 일어나는가에 대한 의문을 품는 것은 지극히 당연한 일이다. 그러나 의문을 품는 데만 그치는 사람이 있고, 그 의문을 파헤쳐 알아내고자 하는 강한 의지를 가진 사람이 존재한다. '학문하는 사람'이란 후자를 의미한다.

학문하는 사람은 늘 세상의 변화에 의문을 가진다. 그리고 그 의문을 풀어내고 밝혀내고자 한다. 그러니 의문을 품는 게 먼저다. 의문을 품지 않는다면 풀어내고 밝혀낼 대상이 없는 거다. 궁금하지 않은데 그걸 풀어야 할 이유는 없다. 세상은 인간이 아직 밝혀내지 못한 궁금증이 쌓여있다. 그 의문은 풀어도 풀어도 쌓여만 갈 것이다. 앎의 범위가 넓혀지는 만큼 새로운 궁금증이 커지기 때문이다. 학문하는 사람은 궁금한 게 많은 사람이고, 그 궁금한 바를 스스로 알아내기 위해 노력하는 사람이다. 그러니 매사 당연하다고 받아들이기보다는 '왜 그럴까?' 의문을 품어야 한다.

그건 달리 말해 문제의식이라고 표현할 수 있다. 여기서 말하는 문제의식은 일반적인 문제의식과 상통하는 부분도 있지만, 한편으로는 구분되는 부분이 있다. 사회적 문제의식이라기보다는 학문적 문제의식을 일컫기 때문이다. 비판의식이란 말도 마찬가지로 사회적 비판의식이라기보다는 학문적 비판의식을 지목한다. 학문하는 사람은 자신이 공부하는 분야에 관해 늘 호기심에 차 있어야 한다. 사소하고 단순한 문제라도 당연하다고 받아들여선 안 된다. 늘 문제의식을 품어 의문을 가져야 하고, 그걸 풀고자 하는 의지도 함께 품어야 한다. 이를 학문하는 자세라고 한다.

대학원에 재학하는 동안 이런 습관이 몸에 익어야 한다. 대학원에 입학했다는 건, 그것도 일반대학원에 입학했다는 건, 평생 학문하는 사람으로, 연구하는 자세로 살겠다는 의지의 표출이다. 초중고와 대학 학부를 거치는 동안의 학습이란 주어진 과업을 습득하고 익혀 남이 축적해 둔 지식을 최대한 많이 내면화하는 과정을 칭한다. 그러나 대학원은 이미 공인된 지식을 암기하고 습득하는 방식으로 학습하지 않는다. 자신이 학문적으로 궁금하게 여기는 것을 선행연구(이미 발표한 논문)와 비교하면서 조사와 실험을 통해 스스로 밝혀내는 과정을 학습이라고 칭한다. 그래서 학습이란 말보다는 '학문' 또는 '연구'란 용어를 더 많이 사용한다.

학습은 배우는 과정(學)과 익히는 과정(習)을 한꺼번에 일컫는 말이다. 누군가에게 배우고, 그 배운 바를 익혀 내 지식으로 만드는 과정이다. 그 지식 가운데는 검증된 것도 있지만, 검증되지 않은 것도 있다. 초중고에서 대학까지 경험하는 학습은 거의 일 방향이다. 그러나 대학원은 스스로 궁금증을 찾고 해결하는 방식의 연구를 진행하기 때문에, 학위를 가졌거나, 학위과정에 참여하는 이들을 '학문하는 사람'이라 칭한다. '연구자'란 말을 즐겨 쓰는 이유도 같다. 나아가 '학자'라는 말을 쓰기도 한다.

흔히 연구 또는 실험이란 말은 자연과학 분야에서 사용하는 용어라는 편견을 갖기 쉽지만, 전혀 그렇지 않다. 흔히 실험이나 연구란 말을 실험실에서 가운을 입고 진행하는 거로 착각할 수 있으나, 사회과학이나 인문과학 등의 분야도 가설을 세우고, 그것을 검증하는 모든 과정을 실험 또는 연구라고 표현한다. 대학원은 연구하는 곳이다. 논문은 연구한 결과물을 매우 형식화된 순서에 맞게 논리적으로 전개하는 글을 칭한다. 대학원은 논문을 쓸 수 있는 기능을 익히는 곳이다.

시작도 논문, 끝도 논문

논문은 '어떤 문제에 관한 학술적인 연구 결과를 체계적으로 적은 글'이라고 정의한다. 세상 모든 논문은 학술적이고 체계적이다. 그래서 까다롭고 어렵다. 읽기도 어렵지만, 쓰는 건 더 어렵다. 그런데 중요한 것은 대학원은 모든 학습이 논문을 통해 이루어진다는 점이다. 대학원생 또는 학위를 가진 자는 논문을 통해 지식을 확장하고, 논문 발표를 통해 자신의 학문적 성과를 세상에 알린다. 대학원 관문에 들어서는 순간부터 모든 학습 과정은 논문을 매개로 한다. 물론 학술서적을 통해 지식을 얻기도 하지만, 실상 논문으로 시작해 논문으로 끝난다고 해도 과언이 아닐 정도로 논문에 의존하는 학습을 한다.

대학원생이라면, 또는 석사나 박사 학위과정을 마치고 학문의 길을 걷고 있는 자라면 한 가지 공통된 습관이 있다. 그건 논문 읽기와 논문 쓰기가 생활화돼 있다는 점이다. 대개 일반적인 사람은 살면서 궁금한 게 있으면, 관련 서적을 읽거나, 백과사전을 찾아보거나, 인터넷 포털을 통해 검색하고 관련 자료를 찾는다. 최근에는 유튜브 등 영상매체를 통해 새로운 지식을 확장하기도 한다. 사회 통념상 이런 지식 습득 방법은 전혀 문제 될 것이 없다. 누구나 그렇게 하고, 실제 그런 과정을 통해 자기가 원하는 웬만한 지식은 찾을 수 있다.

그러나 대학원에서는 통하지 않는 이야기다. 대학원은 학문 하고자 하는 사람이 모인 곳이다. 학문한다는 건, 나아가 연구한다는 건 철저한 검증 과정을 통해 세상에 알려지지 않은 새로운 사실을 밝혀내는 걸 의미한다. 그래서 학문하는 건 쉬운 일이 아니다. 중요한 건 검증되지 않은 지식은 지식으로 인정하지 않는다는 점이다. 유튜브에서 누군가 어떤 사실과 관련해 자신의 주장을 펼치고 여론몰이를 할 수 있지만, 실험을 통한 검증 과정을 거치지 않았기 때문에 정립된 이론이라 할 수 없다. 그냥 자기주장일 뿐이다.

그러나 논문은 다르다. 대학원이라는 과정을 통해 논문 쓰기를 익힌 연구자가 과학적으로 입증된 연구 과정을 통해 밝혀낸 객관적 사실만 인정하고 담아낸다. 논문 또는 논문 형식으로 집필한 학술서가 아닌 다른 경로를 통해 얻은 지식이나 사실을 인정하지 않는다. 심지어는 신문이나 방송 등 매스미디어를 통해 발표한 자료도 여간해 인정하지 않는다. 객관성을 결여했다고 보기 때문이다. 그러니 논문을 통해 밝힌 사실을 근거로, 그 사실을 기반으로 새로운 지식의 정보를 넓혀나가는 활동을 학문이라고 한다. 학문의 본질이 '진리의 탐구'라는 말은 대학원 과정을 경험하면 무슨 말인지 비로소 깨닫게 된다.

그래서 대학원 학습은 논문으로 시작해 논문으로 끝난다. 수업도 논문으로 하고, 평가도 논문으로 한다. 별도의 교재를 이용하는 사례가 거의 없다. 논문이 교과서고, 논문이 자료다. 논문을 읽고 축약해 발표하는 형태로 수업을 진행하고, 한 학기를 마칠 때 과목마다 약식 논문을 제출하는 것으로 성과를 평가한다. 대학원은 학부처럼 중간고사, 기말고사를 치지 않는다. 약식 논문을 제출하면 그게 평가의 기준이 된다. 거듭 말하지만, 대학원 과정은 논문에서 시작해 논문으로 끝낸다. 학위논문을 쓰는 것으로 졸업을 확정 짓는다.

학위자가 논문을 읽고 해석할 줄 모른다면, 나아가 논문을 작성할 줄 모른다면, 대학원 공부를 헛되게 한 거다. 특히 박사가 논문을 쓸 줄 모르고, 관련 분야의 논문을 읽고 해석할 줄 모른다면 가짜박사로 취급받는 게 맞다. 세상에 널려있는 가짜박사는 박사학위에 걸맞은 지식이나 교양을 갖추지 못한 이들을 일컫는다. 실제 그런 박사가 세상엔 즐비하다.

박사학위 소지자인데 논문을 쓸 줄 모른다면 그걸 어떻게 해석해야 할까. 수년 동안 논문을 읽고, 발제하고, 발표하고, 토론하고, 작성하는 일의 반복이 학위과정인데, 학위 소지자가 그걸 못 한다면 모순이다. 그래서 사회는 그들을 가짜박사라고 부른다. 높은 지위나 많은 돈을 가진 이들 중 박사학위를 가진 이들이 많다. 그들이 누군가의 도움으로, 또는 학교 측이 제공한 편의를 기반으로 학위를 받았을 거로 의심하는 건 바로 이런 이유다. 제대로 코스를 밟았다면, 논문을 매개로 학습하고, 연구 결과물을 논문으로 발표하는 일이 익숙해 있어야 한다.

박사학위 소지자가 학문의 세계에서 입증되지 않은, 근거 없는 주장을 펼치는 건 용납되지 않는다. 그보다 앞서 박사학위자가 논문을 쓸 줄 모른다면 더욱 인정할 수 없다. 박사학위를 받았다는 건, 혼자 연구할 수 있고, 그 연구 결과를 논문으로 작성해 학계에 보고할 능력과 자격을 갖췄다는 걸 의미한다. 박사는 해당 분야의 모든 지식을 알고 있는 사람이란 뜻이 아니다. '해당 분야의 궁금증을 풀기 위해 연구하고, 성과를 발표할 수 있는 사람'이란 의미다. 즉, 한마디로 말하면 '논문을 쓸 줄 아는 사람'이란 의미다. 그러니 논문을 쓸 줄 모른다면 그는 박사가 아니다.

세상에 없는 지식의 생산

우리가 당연하다고 받아들이는 다양한 지식은 처음부터 진리로 받아들였을까. 누구나 다 그러하다고 믿었을까. 하늘이 세상을 돈다는 천동설이 지배적이던 사회에 지동설을 처음 주장한 사람은 어떤 논리적 근거도 없이 육감이나 직감으로 그런 주장을 한 게 아니다. 여러 정황을 정리하고 종합해 그런 가설을 세웠고, 그 가설은 실험이란 과정으로 검증해 진리로 인정받았다. 과학적으로 검증받은 후 지동설은 진리가 되었고, 누구나 그 사실을 인정하게 되었다. 실험과 검증이 없었다면 진리가 될 수 없다.

중세 과학자 아리스타르코스는 달, 태양, 지구가 삼각형을 이루는 가운데 한 각만 알면 거리 비를 구할 수 있다고 생각했다. 또, 일식 때 달이 태양을 가리기 때문에 크기 비율도 거리 비율과 같으리라 생각했다. 또한 개기월식이 진행되는 시간으로 지구의 그림자 크기를 계산하고 이 방법으로 지구, 달의 크기 비율을 알아냈다. 이런 과정을 통해 지구와 태양의 크기 비율을 알고 크기가 작은 지구가 태양을 도는 것이 자연스럽다고 생각해 태양중심설을 정립했다. 이는 세상에 없던 지식이지만, 실험과 검증을 통해 정립되었다.

학문을 한다는 건 이처럼 세상에 없는 지식을 찾아내는 일이다. 이렇게 이야기하면, 너무도 거대하고 멀게만 느껴져 이내 겁을 먹을 수 있지만, 학문을 통해 밝혀낼 수 있는 진리는 그렇게 크고 멀기만 한 건 아니다. 소소한 일상에서 우리가 당연하다고 여기지만, 검증되지 않은 게 있어 이를 검증했다면, 그게 바로 실험이다. 예를 들어 '한국 중고등학생의 고민 1위가 무얼까'라는 질문에 대부분 학업, 이성, 진로 등을 꼽는다. 그럴 거로 생각한다. 이걸 학생 1000명에게 설문지를 돌려 이들이 답한 내용을 근거로 고민거리를 정리했다면, 이건 진리로 받아들일 수 있다.

학문을 한다는 건, 세상에 없는 지식을 생산해 내는 일이다. 또한, 누구나 그럴 거라고 믿고 있지만, 실험을 통해 검증되지 않는 사실을 실험으로 정확히 밝혀내는 일도 포함한다. 이러한 모든 검증은 논문이란 형식의 글을 통해 이루어진다. 학자들은 '학회'라는 모임을 만들고, 거기서 '학술지'라는 논문 발표의 장을 만들어 개방한다. 석사와 박사 재학생, 석사와 박사 수료생, 석사와 박사 졸업생, 현직 교수 등이 학술지에 수시로 논문을 발표해 세상의 지식을 넓혀간다.

지금 우리가 알고 있는 지식은 이런 과정을 통해 사실로 인정되었고, 그걸 우린 '진리'라고 말한다. 그래서 학문의 목적을 '진리 탐구'라고 말한다. 대학원 과정을 경험한 후 학문을 한다는 것이 무엇이고, 논문이란 게 무언지 알게 되니 자연스럽게 학문의 정의를 동감하게 되었다. 세상은 학자집단에 의해 끊임없이 새로운 지식을 얻게 된다. 인류가 지금껏 얻은 지식은 학자 한 명 한 명이 돌탑을 쌓듯이 차곡차곡 쌓은 학문의 성과다. 하나하나의 작은 연구 성과가 모이고 쌓여 거대한 성과물을 만든 거다.

학자는 학문하는 사람이다. 학문은 진리를 탐구하는 과정이다. 진리는 실험 과정을 통해 검증된 사실이다. 검증된 사실을 논리적인 글로 작성해 인정받은 게 논문이다. 논문을 정기적으로 발표하는 모임을 학회라 하고, 학회가 정기적으로 발표하는 논문집이 학술지다. 그러니 학술지에는 아직 세상에 없는 새로운 지식이 넘쳐난다. 석사나 박사학위를 위해 작성하는 학위논문 외에 새롭게 발표되는 논문 대부분은 학술지를 통해 세상에 소개된다. 학자는 학술지를 매개로 새로운 연구 결과물을 공유한다. 석사는 대개 교수 등 전문 연구자의 도움을 받아 새로운 논문을 발표하지만, 박사는 혼자 연구하고 연구 성과물인 논문을 혼자 작성할 수 있다. 박사가 됐다는 건 논문을 혼자 작성하고 발표할 자격과 능력을 갖췄다는 걸 의미한다.

논문 쓰기 면허연습장

 대학원은 논문 쓰기를 배우러 가는 곳이다. 앞서 논문을 쓰기 위한 연구 방법을 배우는 곳이다. 운전면허를 따기 위해 학원에서 운전석에 앉아 차량을 몰면서 계속해 코스와 주행을 연습하는 것처럼, 대학원에서 지도교수의 도움을 받거나 동료 원생과 공조해 반복적으로 논문 작성 훈련을 한다. 그렇게 반복 훈련하다가 훗날 혼자서 논문을 작성하는 능력을 갖추게 된다. 석사를 거쳐 박사학위를 얻었다면, 자동차운전면허 시험을 통과해 혼자 운전할 수 있는 자격을 얻은 것과 같다. 혼자 연구하고 혼자 논문을 써서 발표할 자격을 갖춘 것이라 할 수 있다.

 석사는 코스웍이라고 불리는 교과 과정을 마치면 바로 학위논문 작성에 돌입한다. 학위논문을 써서 통과하면 그대로 석사학위가 부여된다. 석사학위논문도 세상에 없는 새로운 사실을 밝혀내야 한다는 점에서 무척 어렵다. 석사학위논문 작성을 위해 별도의 논문을 써야 하는 규정은 없다. 그래서 대개 석사학위논문은 대학원에 들어와 처음 쓰는 논문이 된다. 그래서 논문이라는 어려운 글을 쓰기 위한 첫 관문이 석사학위논문이다. 석사학위논문은 박사학위논문과 비교해 분량이 다소 적고, 주제도 비교적 가벼운 편이다.

박사학위논문과 석사학위논문의 가장 큰 차이점은 논문을 쓸 자격의 여부다. 앞서 밝힌 대로 석사학위논문을 작성할 때는 별다른 제약이 없다. 코스웍을 마치면 바로 학위논문을 쓸 수 있다. 반면 박사는 그렇지 않다. 박사학위논문을 쓰기 위해서는 일정 자격조건을 갖춰야 한다. 그 조건은 학교마다, 학과마다 조금의 차이가 있다. 다소의 차이는 있지만, 큰 틀은 같다. 핵심은 박사논문을 작성하려면 학술지에 일정 편수의 논문을 게재해야 한다. 학술지에 논문을 실어야 하는 건 기본이고, 그 외에 논문자격시험을 통과해야 하고, 외국어 능력시험성적을 제출해야 한다. 학과 교수 전체가 참석하는 논문 작성계획발표(프로포절)를 통과해야 한다.

하나하나의 과정이 모두 어렵지만, 가장 어려운 건 아무래도 학술지에 논문을 발표하는 것이다. 대개 '소논문'이라고 칭하는 학술지 논문은 학위논문처럼 분량이 방대하지는 않지만, 학술 가치는 오히려 높다. 주위를 살펴보면 석사 졸업생은 제법 많지만, 박사 졸업생은 그리 많지 않다. 박사 학위과정을 시작은 했지만, 졸업 못 하고 수료에 머무는 이들이 유난히 많다. 박사 수료생은 박사학위자보다 많다. 그들의 공통점은 논문의 벽을 넘어서지 못한 것이다. 그 벽을 넘지 못하면 박사학위를 받을 수 없다.

　유념할 점은 대학마다 요구하는 학술지 편수가 다르다는 거다. 학술지는 등급이 있다. 등급에 따라 심사 기준이 현격한 차이를 보여 권위 있는 학술지에 한 편의 논문을 싣는 것은 학위논문 한 편 쓰는 것만큼 어렵다. 국제학술지에 논문을 수록해야 하는 조건을 제시하는 학교도 많다. 국제학술지의 경우는 모든 논문을 영문으로 작성해야 한다. 국문으로 작성하기도 힘든 논문을 영문으로 작성해 까다로운 심사를 통과해 학술지에 논문 한 편을 싣는다는 건, 상상을 초월하는 어려움이 있다. 학문과 연구를 업으로 하는 교수나 연구원이라면 모를까 학위 공부를 하는 대학원생이 혼자 논문을 써서 국내 학술지나 국제학술지에 논문을 싣는다는 건 절대 쉽지 않다.

　많은 사람이 박사 학위과정을 진행하다가 포기하는 건, 대부분 학술지 논문의 벽을 넘지 못해서다. 석사 학위과정은 이런 학술지 논문 게재의 조건 없이 곧바로 학위논문을 작성하면 된다. 그래서 그만큼 중도 탈락자가 많지 않다. 박사과정은 하나하나가 지뢰밭이지만, 특히 학술지 논문 게재가 가장 높은 벽이다. 상위로 구분하는 일부 학교는 국제학술지 논문 수록을 필수 조건으로 한다. 그렇지 않은 학교는 대개 국내 학술지에 논문을 수록하면 된다. 학교마다, 학과마다 박사학위논문을 쓸 자격을 위해 제시하는 조건은 천양지차다.

박사 학위과정은 논문 쓰기 연습의 연속이다. 자동차운전 면허 시험을 위해 학원에서 계속 코스와 주행을 연습하듯, 대학원 박사과정 내내 논문 쓰기 연습을 한다고 보면 된다. 박사 학위과정의 모든 관문을 통과해 박사가 되었다는 건, 혼자서 논문을 쓸 수 있는 자격을 얻었다고 보면 된다. 꼭 그렇지는 않지만, 그렇게 생각하면, 이해가 쉽다. 학술지 논문을 몇 편 게재하고, 박사학위논문을 써서 혹독한 심사 과정을 거쳐 최종 통과하면 얻을 수 있는 게 박사학위다. 운전면허증을 얻으면 혼자 차를 몰고 도로에 나가도 되듯, 박사학위를 따면 혼자 논문을 써 학술지에 발표할 수 있다. 아니 그럴 정도의 실력을 갖추게 된다.

일반대학원,
특수대학원, 전문대학원

　대학원은 크게 세 종류로 구분한다. 일반대학원, 특수대학원, 전문대학원이 그것이다. 세 종류의 대학원은 저마다의 목적이 다르고, 그에 따라 운영 방식도 차이가 있다. 대학원 진학을 염두에 두고 있다면, 자기가 원하는 방향에 부합하는 대학원을 선택해야 한다. 원하는 방향과 다른 대학원을 잘못 진학하면, 목표한 성과를 거둘 수 없다. 그러니 대학원의 종류를 제대로 알고, 자기가 필요한 바에 맞춰 진학해야 한다. 하지만 실상 대학원의 종류와 특성을 제대로 알지 못한 채 진학하는 사례가 의외로 많다. 대학원은 오랜 시간과 큰 노력을 기울여야 하는 과정이니, 사전에 충분히 정보를 알고 진학해야 한다.

일반대학원

　가장 보편적이고 흔한 유형의 대학원이다. 석사과정과 박사과정으로 나누며 석·박사 통합과정도 있다. 학부라 불리는 대학 과정은 일 방향 강의를 수강하는 형태지만, 대학원은 연구를 목적으로 한다는 점에서 확연한 차이를 보인다. 일반대학원은 순수학문의 기초이론과 고도의 학술연구를 주된 교육 목적으로 한다. 수식어 없이 대학원이라고 하면 보통 일반대학원을 가리킨다. 학부 과정을 졸업하고 교수, 연구원 등 학계에 완전히 몸담고 싶은 이들이 주로 진학한다. 그래서 학부 과정에서 맛보지 못한 깊이 있는 전공 공부를 할 목적으로 진학하는 곳이다.

일반대학원의 목적은 학문 탐구이다. 더불어 실기 심화이며 연구 인력의 양성이다. 아주 쉽게 표현해서 교수나 연구원이 되려면 일반대학원에 진학해야 한다. 일반적인 4년제 종합대학은 거의 일반대학원을 두고 있다. 석사와 박사 과정으로 나눈다. 여기에 석·박사 통합과정, 학·석사 통합과정, 학·석사 연계과정, 학·석·박사 통합연계과정인 복합 학위과정 등도 존재한다. 대학원에 진학해 보면 대학의 중요한 기능인 연구가 대학원에 집중돼 있음을 알게 된다. 미국의 경우, 명문대일수록 학부보다 대학원의 학문적 성과를 중요하게 여긴다. 한국도 점차 이런 분위기가 형성되고 있다.

일반대학원은 연구를 목적으로 한다. 일반대학원에 진학하면 취미와 특기가 '논문 읽기'라고 해야 할 정도로 과정 내내 논문과 함께 시간을 보내야 한다. 연구란 논문을 읽고, 실험하고, 논문을 쓰는 과정을 일컫는다. 일반대학원은 인생을 연구자로 살겠다고 진로 설계를 했을 때 진학하는 곳이다. 그래서 일반대학원은 전일제(full-time) 학생이 진학하는 걸 원칙으로 한다. 그러다 보니 수업도 주간에 진행한다. 소수의 상위그룹 대학원은 여전히 전일제 원생만 입학을 허용하고, 주간 수업을 원칙으로 한다. 하지만, 고학력 시대를 맞아 직업을 갖고 있으면서 석사나 박사학위를 목표로 하는 이들이 점차 늘어, 대개의 대학은 직장인 시간제(part-time) 원생을 수용하는 추세다. 그래서 일부 수업을 야간에 진행하는 일반대학원이 점차 늘어가고 있다.

특수대학원

특수대학원이란 명칭은 일반대학원의 상대 개념으로 명명된 게 아닌가 생각한다. '특수'란 '일반'의 상대어이기 때문이다. 특수대학원은 이미 직업을 가진 사회인의 재교육을 목적으로 한다. 해당 분야에서 종사하는 이들의 경력계발과 전문성 강화에 초점을 두고 운영한다. 직업인을 대상으로 하는 특수대학원은 야간, 주말과 휴일, 방학 등의 시간에 수업을 진행한다. 사이버 공간을 활용하기도 한다. 교육대학원은 방학기간에 운영하는 대표적 특수대학원 사례이다. 제한된 시간에 운영하다 보니 석사과정이 일반대학원보다 1학기가 더 많은 5학기 졸업이 필수인 사례가 많다.

특수대학원은 석사과정만 운영한다. 특수대학원 학위는 학술학위가 아닌 전문학위다. 국내를 예로 들면 2020년대 기준 연간 석사학위자가 8만 2000여 명 전후로 배출되고, 이 중 절반 가까운 3만 9000여 명이 특수대학원 출신이다. 특수대학원에서 석사과정을 마치고 박사과정까지 더 공부하고 싶다면 일반대학원에 진학해야 한다. 이때 특수대학원 석사 출신의 박사과정 진입을 허용하지 않는 사례도 있다. 특수대학원은 일반대학원과 달리 논문을 통한 학습에 주력하지 않기 때문에, 방향성이 다르다. 또, 일반대학원 박사과정에 진학해도 논문을 작성하고 발표하는 일에 익숙지 않아 과정을 따라가기 어렵다는 한계가 있는 것도 사실이다. 일반대학원은 교수나 연구원 등 학문을 탐구하는 직업의 진입을 목적으로 해 직업인 재교육을 지향하는 특수대학원과는 지향점이 다르다.

점차 특수대학원 석사 출신의 일반대학원 박사과정 진입 사례가 늘고 있고, 문호도 개방적으로 바뀌고 있다. 그러나 여전히 특수대학원 석사의 진입을 불허하는 일반대학원도 있다. 다만 자교에서 특수대학원 석사과정을 마치면 일반대학원 박사과정 진학을 허용하는 게 통례다. 교수나 연구원을 목표로 대학원에 진학한다면 일반대학원을 선택하는 게 맞다. 역으로 학위를 요구하는 자리에 취업하고자 하는데 정작 본인은 연구를 지속해 나갈 뜻이 없다면, 특수대학원을 선택하면 된다. 자기 방향성을 고려해 일반대학원에 진학할지, 특수대학원에 진학할지 결정하면 된다.

특수대학원의 종류는 다양하다. 교육대학원, 경영대학원, 행정대학원, 산업대학원 등이 대표적이다. 이밖에 공학대학원, 정책대학원, 보건대학원, 디자인대학원, 상담대학원, 문화예술대학원, 법무대학원, 부동산대학원 등도 특수대학원의 종류다. 일부 특수대학원은 전문대학원과 같은 이름으로 운영되기도 한다. 그러나 특수대학원과 전문대학원은 전혀 다른 지향점을 갖는다. 사회복지대학원을 예로 들면, 성균관대학교 사회복지대학원은 특수대학원이지만, 연세대학교 사회복지대학원은 전문대학원이다.

특수대학원은 논문을 필수적으로 요구하지 않는다. 논문을 쓰기도 하지만, 특정 프로젝트를 수행하거나, 한 학기 정도 수업 이수 시간을 늘이는 것으로 논문 작성을 대신하기도 한다. 2017년 법 개정으로 일부 일반대학원도 특수대학원처럼 논문 없이 다른 조건을 졸업 기준으로 제시하는 사례도 있지만, 극소수에 그친다. 다만 미국에서 일반대학원 중 공대나 예술대 등에서 논문 실적보다 수업 이수, 재학 중 실적 등으로 논문을 대신하는 졸업 기준을 제시하고 있어, 향후 한국의 일반대학원으로 이런 추이가 확산할 가능성이 있다. 석사논문 없이 특수대학원을 졸업해도, 일반대학원 박사과정에 진학할 길은 있다. 통계에 의하면 최근 졸업하는 박사학위자 중 대략 20% 전후가 특수대학원 출신이다.

전문대학원

　전문대학원은 전문 직업 분야의 인력양성에 필요한 실천적 이론의 적용과 연구개발을 주된 목적으로 한다. 더 쉽게 표현하면 전문 직업인의 양성을 목적으로 설립된 대학원이다. 법학전문대학원(법전원/로스쿨)과 의학전문대학원(의전원)이 가장 대표적이다. 그러나 특목고라면 외국어고와 과학고만 떠올리지만, 이 외에 체육고, 예술고, 마이스터고, 에너지고, 반도체고 등도 포함하듯, 전문대학원도 로스쿨과 의전원(의학·치의학·한의학)만 생각하기 쉽지만, 이 외에도 경영·금융·물류전문대학원이 있다. 법령에서 특별히 규정한 전문대학원은 모두 7종으로 구분한다. 법령이 특별히 규정하지 않은 전문대학원도 여럿 있다.

　본래 전문대학원이란 특수대학원을 가리키는 말이었지만, 1997년 '대학원 규정'이 제정되면서 전문대학원과 특수대학원이 구분되었다. 전문대학원 졸업 후 학위는 학교 및 과정에 따라 특수대학원처럼 전문학위를 수여하기도 하고, 일반대학원처럼 학술학위를 수여하기도 한다. 학술학위를 받을 때는 반드시 학위논문을 제출해 심사 통과 해야 한다. 석사와 박사 전체 대학원 졸업생 중 전문대학원 출신이 차지하는 비율은 10~15% 선이다. 전문대학원은 전문 분야의 인력양성과 그에 따른 기초이론 및 학술연구개발을 주된 목적으로 한다.

　미국식 교육제도로 국내에 수용된 전문대학원은 일반대학

원과 비교할 때, 이론 교육에 중점을 둔다. 그래서 교육과정상 일반대학원과 큰 차이를 보이지 않는다. 그러나 신설 기준은 큰 차이를 보인다. 일반대학원과 특수대학원은 입학정원, 학과 신설 기준, 상호조정, 자체조정 등의 기준만 충족하면 자유롭게 신설할 수 있다. 그러나 전문대학원 중 법전원과 의전원은 관련 법령에 따라 검토받아야 신설할 수 있다. 이 밖에 경영·금융·물류전문대학원은 석사 및 박사과정 설치 신청 시 사전 검사와 승인을 받아야 한다. 나머지 전문대학원도 석사과정은 법정 요건 준수 여부 사전협의, 박사과정은 설치 사전심사 및 승인을 받도록 규정돼 있다.

신설 분야는 일반대학원이나 특수대학원과 달리 '전문 인력양성을 위해 실천적 이론과 연구개발이 필요한 분야'로 제한하고 있다. 그래서 신학전문대학원, IT전문대학원, 행정전문대학원, 교육전문대학원, 국제전문대학원, 공학전문대학원 등 실용 학문 분야가 많다. 그렇지만, 전문대학원도 특수대학원과 마찬가지로 졸업 조건으로 학위논문이 필수는 아니다. 의학, 치의학, 한의학, 법학 등의 전문대학원이 관련 법에 따라 신설되자, 전문대학원이 로스쿨과 의전원만 있다고 오해하는 이들이 많지만, 그렇지 않다. 전문대학원은 얼마든지 있다. 다만 이들 4개 분야 전문대학원만 제한받을 뿐이다. 제한 대상 4개 전문대학원이 아니라면, 1개 대학교 내에 복수의 전문대학원을 설치하는 것도 얼마든지 가능하다.

〈대학원의 구분〉

구분	일반대학원	특수대학원	전문대학원
교육목적	학문의 기초이론과 고도의 학술연구	직업인 또는 일반인을 위한 계속적 교육	전문 직업 분야의 전문가 양성
수업형태	주간 원칙	야간 또는 계절, 주간	주간 원칙
학위과정	석사과정/박사과정/ 석박사 통합과정	석사과정	석사과정/박사과정 (박사과정은 학칙으로 설치 가능)
수여학위	학술학위	전문학위	전문학위(학칙으로 학술학위도 가능)
교육내용	학술이론 및 연구방법론	실천적 이론 및 실무 이론	실천이론 및 실무 위주 교육
배출인력	연구 및 교수인력 양성	직업인 계속 교육	전문직 인력 양성

전일제full-time와 시간제part-time

재직자의 재교육을 목적으로 하는 특수대학원은 모든 원생이 직업을 가진 재직자이다. 그러다 보니 모든 수업은 직장 근무 시간을 피해 야간과 주말에 진행한다. 교사를 대상으로 한 교육대학원은 방학 중 과정을 진행한다. 반면 일반대학원과 전문대학원은 재직자가 아닌 전일제 원생을 대상으로 한다. 자연히 과정 수업도 주간에 진행한다. 그러나 재직자가 일반대학원이나 전문대학원에 진학하는 사례가 점증하는 추세로 일반대학원이나 전문대학원 중 일부가 야간이나 주말 시간을 이용해 과정을 진행하는 사례가 늘고 있다. 물론 여전히 주중 주간 수업만 고수하는 사례도 많다.

대학원생은 크게 전일제(full-time)와 시간제(part-time)로 구분한다. 전일제 원생은 말 그대로 종일 학교에 머물며 수업과 연구에 참여하는 이들을 지칭한다. 전일제 원생의 경우, 장학금이나 연구비를 지원받는 사례가 많고, 교수를 도와 연구 프로젝트에 참여한다. 시간제로 참여하는 이들에 비해 학습량이 많을 수밖에 없고, 지도교수와 교류하는 시간도 월등히 많다. 전일제 원생이 재학 중 취업해 시간제 원생이 되기도 하고, 반대로 시간제 원생이 연구에 매진하기 위해 직장을 포기하고 전일제 원생으로 전환하기도 한다.

　전일제 학생은 석사과정을 마친 후 학업을 중단하는 일이 여간해 없다. 그들은 교수나 연구원이 되겠다는 뚜렷한 목표를 갖고, 청춘을 투자하는 이들이 대부분이다. 만일 전일제 원생이 학업을 중도 포기하게 된다면 사회 진출할 시기를 놓치고, 뚜렷한 성과를 거두지 못하는 어정쩡한 위치가 될 수 있다. 그래서 전일제 원생의 길을 택했다면, 정진해 박사과정까지 줄곧 이어가는 게 상책이다. 지도교수와 밀착해 치열하게 연구하고, 학술논문도 여러 편 써서 연구 역량을 최대치까지 끌어올려야 한다. 그렇지 못하다면 황금 같은 청춘 시기를 허송세월로 보낼 수 있다.

　대개 석사는 2년이면 학위과정을 마칠 수 있지만, 박사는 시기를 기약하기 어렵다. 학술논문 발표를 비롯해 박사학위 논문을 작성할 자격을 얻기 위해 지난한 길을 가야 하기 때문이다. 통상 학교마다 차이는 있지만, 전일제 원생은 박사과정에 소요하는 기간이 4~5년으로 본다. 물론 전일제 원생 중 여러 사정으로 인해 이보다 길게 학위과정을 진행하는 사례는 얼마든지 있다. 시간제 원생은 전일제 원생보다 최소 1~2년, 많게는 3~4년이 더 걸린다. 학습량 자체가 차이 날 수밖에 없고, 일과 학업을 병행하다 보니 집중력도 차이가 난다.

대개 석사학위는 마치지만, 박사학위는 중도 포기자가 의외로 많다. 전일제 원생과 비교하면 시간제 원생의 중도 포기율이 월등히 높은 것도 어쩔 수 없는 사실이다.

수업에만 참여하고 그 외의 활동에 참여가 저조할 수밖에 없는 시간제 원생은 당연히 정보도 부족하다. 시간제 원생이 대학원 생활에 더 빠르게 적응하고, 더 많은 정보를 가지려면 전일제 원생의 도움이 필요하다. 양자 간 어색하고 불편한 관계가 형성될 만한 이유는 많다. 서로의 생활을 제대로 이해하지 못하기 때문에 생기는 차이다. 아쉬운 건 시간제 원생이다. 시간제 원생이라면 전일제 원생을 만날 때 격려하고 위로하는 말을 아끼지 말아야 한다. 또한 부탁할 때 공손하고 겸손한 자세를 잊어선 안 된다. 가끔 식사나 음료를 대접하며 어색한 관계를 풀고, 협조를 구하는 노력이 필요하다.

대학원의 서열화

한국인은 모든 걸 서열화하는 데 익숙하다. 익숙할 뿐 아니라 서열화하지 않으면 잘 이해하지 못하고, 뭔가 잘못됐다고 생각한다. 한국인은 서열화 못지않게 승과 패로 구분하는 걸 좋아한다. 승패주의, 서열주의는 좋아한다기보다 어려서부터 그런 교육을 받고 자랐기 때문에, 자연스럽게 그런 의식이 내면화된 거라 할 수 있다. 그런데 그 정도가 지나치다. 모든 걸 서열화하지 않으면 불편해서 못 견디는 게 한국인이다.

가장 대표적인 게 전국의 대학을 서열화하는 거다. 학벌사회인 대한민국은 출신 대학에 따라 사람을 구분 짓고, 곁들여 적당히 차별까지 하는 걸 죄악시하지 않는다. 그만큼 서열화가 사회 보편의식으로 자리 잡았다는 방증이다. 1970년대 중반까지 전국의 고등학교도 서열화했다. 그걸 깨부수고자 도입한 게 고교평준화제도다. 고교평준화가 시행된 게 1974년이니까 퍽 오랜 시간이 흘렀지만, 그 시절에 대한 향수는 진하게 남아있다. 그래서 전면 서열화는 못 했어도 특목고니, 자사고니, 자공고니 하는 따위를 만들어 기어이 차등화하고 싶은 욕구를 충족하고 있다.

솔직히 말하면 대학원도 서열화돼 있다. 대학원의 서열화는 대학의 서열화와 궤를 같이한다. 그만큼 대학 서열화의 골이 깊어서다. 전국의 상위그룹을 형성하고 있는 대학의 대학원은 원생 모집에 고민하지 않는다. 가만히 있어도 전국에서 입학 자원이 몰려온다. 그러니 선발부터 엄격할 수 있고, 과정도 원칙대로 철저하게 이어갈 수 있다. 학교나 학과 차원에서 원생에게 아쉬울 게 없다. 최상위 그룹에서 벗어나 있는 대학에서 학부 과정을 마친 졸업생은 대학원을 최상위 그룹 학교로 진학하려는 성향이 강하다. 전국의 지방에서 학부 과정을 마친 이들도 대학원만큼은 서울로, 소위 상위그룹으로 진학하고자 하는 강한 성향을 드러낸다.

거기서 다 받아들이지 못한 원생은 한 단계씩 아래로 내려가 정원을 채우는 형태다. 그래도 서울 소재 대학의 대학원은 사정이 낫다. 전국 각지에서 서울 소재 대학의 대학원에 진학하려는 수요는 여전히 넘친다. 지방은 사정이 좀 다르다. 그나마 있던 자원 상당수가 서울 소재 대학원으로 올라가 지방 대학의 대학원은 정원을 채우는 일이 만만치 않다. 그래도 국립대는 사정이 낫다. 부득이 서울로 진학할 형편이 못 되는 이들이 지방에서 대학원 진학을 하고자 할 때 그래도 국립대를 선호하기 때문이다. 지방 국립대는 비교적 저렴한 학비에 탄탄한 교수진을 갖추고 있어 권역 내에서 인기가 좋다.

지방 국립대는 학과나 전공에 따라 원생 모집의 희비가 엇갈린다. 대개의 전공은 별 어려움 없이 원생 모집이 가능하지만, 일부 전공은 원생 모집이 어려운 곳도 있다. 지방 국립대는 학위과정 운영이 원칙적이고 철저하다. 그래서 나름의 권위가 있고, 진정성을 갖고 학위과정에 참여하고자 하는 이들은 서울 소재 상위권 대학이나 지방 국립대로 진학한다. 어렵고 힘든 과정을 보내야 한다는 사실을 알지만, 그래도 대학원이란 특성상 제대로 해보겠다는 이들이 수요를 받쳐준다.

반면 중하위권 대학의 대학원은 사정이 조금 다르다. 우선 모집 자체가 여의찮다. 특히 전일제 원생의 비율이 낮다. 시간제 원생 위주로 대학원이 꾸려지면 운영의 질이 떨어지는 경향이 있다. 전일제 원생이 전체적인 학습 분위기를 끌고 가야 하는데, 시간제 학생 위주로 대학원이 꾸려지니, 좀처럼 학습하는 분위기가 형성되지 않는다. 연구과정을 제대로 습득하지 못하면 박사 학위과정을 마치고 박사가 되어도 논문을 쓸 줄 모르는 가짜박사가 생겨난다. 매년 배출되는 박사학위자 수가 큰 폭으로 늘어나지만, 정작 논문을 쓸 줄 모르는 박사가 생겨나는 이유다. 이런 과정을 되풀이하면 가짜박사를 양산하는 대학원이란 오명을 쓰게 된다.

대학원의 질적 수준 차이도 양극화가 심해진다. 박사라는 타이틀만 거머쥐면 된다고 생각하는 이들은 굳이 어려운 길을 택하지 않는다. 쉬운 길이 있음을 잘 알고 있다. 상위권 대학에서 어렵게 학위를 마쳤다고 해도, 박사학위를 가지고 교수나 정부출연연구소 또는 대기업 연구소의 연구원 등 양질의 일자리를 갖기란 어렵다. 그만큼 대학원을 졸업한 석사와 박사 인력이 넘쳐나기 때문이다. 한국 사회에서 최고 학벌의 정점은 미국 등 구미 유학파 박사가 차지하고 있다고 보면 된다. 안타까운 이야기지만, 대학원도 대학처럼 서열화돼 있어 어느 학교에서 박사과정을 마쳤느냐에 따라 다른 급으로 취급받는 건 사실이다. 지명도가 높은 상위권 대학일수록 학위 취득이 어려운 것도 사실이다.

같은 학교 같은 전공,
다른 학교 다른 전공

　학부 전공을 살려 석사와 박사까지 같은 전공을 하는 사례가 많다. 그렇게 되면 한결 더 깊은 전공 이해력을 갖게 되고, 학위 취득 후에도 진로에 유리한 건 사실이다. 그래서 한 가지 전공을 꾸준히 밟아가는 사례가 가장 많다. 그러나 꼭 그럴 필요는 없다. 관심 사항이 바뀌어 학부 전공과 전혀 다른 분야로 대학원에 진학해 석사와 박사과정을 마치는 사례도 많다. 심지어는 학부, 석사, 박사 전공이 제각각인 사례도 적지 않다. 관심이 바뀌어 엇갈린 전공을 선택하기도 하지만, 시대의 흐름에 맞는 유망한 전공으로 옮겨 타는 사례도 얼마든지 있다.

　전공 선택뿐 아니라 학교 선택도 마찬가지다. 한 학교에서 학부와 석사, 박사과정을 마치는 이들도 있지만, 학교를 바꿔 진학하는 이도 많다. 학교를 바꾸는 건 여러 가지 이유가 존재한다. 더 유명한 대학, 더 상위에 자리 잡고 있다고 생각하는 대학으로 가서 고생하면서 제대로 공부해 보고 싶다는 이들이 있다. 또, 단지 최종 학력을 돋보이게 하고 싶다는 이유로 무리해서 상위권 대학으로 가서 학력 세탁을 하는 데 목적을 두는 이들도 있다. 반대로 학위를 취득해서 연구 직렬로 취직이나 이직할 생각이 없고, 그저 학위를 갖는 것만 목적으로 하는 이들도 있다. 이럴 경우, 굳이 어렵지 않게 학위를 얻을 수 있는 길을 선택한다.

서울에서 대학교를 마치고, 지방에 근무하게 돼 거주지에 있는 대학원으로 진로를 잡는 이들도 있다. 반대로 지방에서 학부 과정을 마쳤는데, 서울이나 다른 지방에 일자리를 잡아 그 지역에 있는 대학원으로 학위과정을 진학하는 이들도 있다. 이런저런 이유로 학부, 석사, 박사 졸업 학교가 모두 다른 사례는 얼마든지 있다. 개인 사정에 따라 학교나 전공을 선택하는 것일 뿐 무엇이 옳고, 무엇이 그르다는 기준은 없다. 원론적인 이야기지만, 박사학위를 취득하고도 논문을 쓸 줄 모른다면, 어느 학교 출신이고, 어느 분야 전공자란 게 모두 부질없는 말장난일 뿐이다.

직업을 가진 시간제 원생은 대개 대학원을 선택할 때, 거리가 중요한 기준으로 작용한다. 저녁에 수업이 진행되는 일이 많아, 시내를 벗어나면 다니기 어렵다. 한 시내권이라 해도 저녁에 러시아워를 피해 공부하러 다니는 게 여간 어렵지 않아, 먼 거리 학교에 다니는 건 쉽지 않다. 물론 시간을 잘 조정해서 특정 요일 유연근무제를 활용하는 등의 방법으로 원거리에 있는 대학원에 다니는 이들도 있다. 꼭 필요한 전공이 원거리 소재 대학에 있거나, 자기가 꼭 가르침을 받고 싶은 교수가 먼 거리 학교에 있을 때도 그런 사례가 된다.

시간제 학생과 달리 전일제 학생은 원거리 학교로 진학하는 일이 잦다. 대개 교수나 연구원이 되겠다는 뚜렷한 목표의식이 있는 경우다. 전일제는 낮에 수업과 보조 활동이 끝나기 때문에, 통학을 할 수 있다. 대도시에서 대도시로 이동은 심야 시간에도 기차나 고속버스 등이 운행되기 때문에 얼마든지 이동할 수 있다. 학부 학생처럼 방을 얻어 거처를 마련하고 대학원 과정을 밟는 사례도 많다. 대도시가 아닌 중소도시나 농촌지역 거주자라면 교통이 불편해 방을 얻고, 대학원에 다니기도 한다.

전공도 얼마든지 바꿀 수 있다. 학부 인문계열 전공자가 사회계열이나 교육계열로 대학원에 진학하기도 하고, 그 반대도 가능하다. 인문·사회계열 전공자가 이공계열로 갈아타기도 한다. 이공계열 전공자가 인문·사회계열로 전공을 바꿔 진학하는 사례도 있다. 인문과 사회, 교육 등은 자연스럽게 경계를 넘어 다닌다. 다만 학부, 석사, 박사과정의 전공이 다를 때는 그만큼 학습량이 늘어나게 된다. 공식적으로 선수학습이라 하여 전공 관련 수업을 몇 과목 더 수강하게 제도를 마련하기도 한다. 가령 인문계열 석사 전공자가 교육계열로 박사과정에 진학하면 6학점(2과목) 정도를 더 수강하게 하는 게 보편적이다.

학부를 마친 대학에서 석사와 박사과정을 밟으면 그만큼 유리한 건 사실이다. 더구나 전공까지 일치한다면 훨씬 수월하게 과정을 진행할 수 있다. 교수나 연구원으로 취업하고자 한다면, 역시 한 학교에서 한 전공을 꾸준히 공부하는 게 유리하다. 그렇지만 학교를 바꿔 다녔다고 해서, 또는 전공을 바꿨다고 해서 교수가 될 수 없고, 연구원이 될 수 없는 건 아니다. 아주 독특한 분야를 전공해 학계가 주목할 만한 가치 있는 박사학위논문을 썼다면, 교수나 연구직에 도전할 만하다. 박사과정 중 학위논문과 맥을 같이하는 유용한 논문을 학술지에 다수 게재하는 성과를 올렸다면, 금상첨화다.

학회 활동

　대학원에 재학하는 동안 논문 쓰기만큼 중요한 게 학회 활동이다. 학회는 비슷한 학문을 하는 사람끼리 모여 연구 성과를 공유하고, 친목을 다지는 모임이다. 대학원생이라면 1개 이상의 학회에 가입해 활동하는 게 필수다. 대개 2~3개의 학회에 가입하는 게 통상이다. 학회는 교수, 연구원, 대학원생 등이 주류를 이룬다. 학회는 정기적인 모임을 하고, 회원이 발표하는 연구 성과를 공유한다. 회원은 학회를 통해 자신의 연구 성과물을 발표하고, 피드백 받을 권한을 갖는다. 학회는 매년 정기적인 학술대회를 갖는다.

　같은 분야를 연구하는 사람이 모여 발표하고, 토론하고, 피드백한다. 학술논문이나 학위논문을 준비하는 사람이 학회에서 발표하면서 다양한 연구자의 피드백을 얻는다면, 그 성과는 크다. 특히 학위논문을 미리 발표해 보면 자기 논문에 대해 객관적으로 평가받을 수 있다. 같은 대학원 전공자끼리 세미나를 열어 발표하고, 피드백을 받기도 하지만 학회에서 전혀 다른 시각을 가진 이들의 생생한 조언을 듣는 건 큰 도움이 된다. 학회는 전공 분야와 관련한 수많은 정보를 접할 수 있는 곳이다. 학회가 주최하는 세미나에 참석하면 책이나 논문을 통해서만 이름을 익힌, 자기 전공 분야의 대가를 직접 만나 볼 수 있다는 점도 장점이다.

학회 세미나에 참석하면 다른 학교에서 같은 전공 분야를 연구하는 많은 이들과 교류할 수 있다. 대학원생이 늘 관심을 두는 장학금 관련 정보, 입학 정보, 유학 정보 등도 다양하게 접할 수 있다. 그러니 자기 전공을 꾸준히 연구할 대학원생이라면 없는 시간도 내서 참석한다는 마음을 가져야 한다. 여러 번 참석하면 그 분위기를 알게 되고, 인맥도 쌓을 수 있다. 학회 세미나가 열리면 전공 분야의 출판사가 판매대를 설치하는 경우가 많아, 최신 서적을 구매할 기회도 얻는다.

학회 세미나는 주말에 열리기도 하지만, 주로 평일에 열린다. 그래서 직업을 가진 시간제 원생은 참여하기가 쉽지 않다. 반면 전일제 원생은 비교적 시간 여유가 많아 학회 세미나에 참석하기가 그만큼 쉽다. 전일제 원생이라면 학회가 주최하는 세미나에 빠짐없이 참석하는 게 좋다. 기회가 된다면 자기가 준비 중인 학술논문을 발표할 기회를 얻는 것도 좋다. 내로라하는 고수들 앞에서 연구 성과를 발표한다는 게 여간 부담스럽지 않겠지만, 고생해서 발표할 기회를 얻으면 그만큼 얻는 것도 많다. 발표와 피드백을 통해 연구 역량이 무럭무럭 성장하게 된다는 사실을 경험자는 잘 알고 있다.

학회 세미나에 참석할 때는 보통 여럿이 함께 움직인다. 기차나 버스 등을 이용해 먼 거리를 이동하기도 하고, 자가용에 몇 명이 팀을 이뤄 이동하기도 한다. 지도교수가 원생을 인솔해 가기도 한다. 이런 경우라면 지도교수와 충분히 학술적인 대화나 일상생활의 애로사항 등을 이야기 나눌 기회도 얻게 된다. 시간제 원생은 말할 나위 없고, 전일제 원생이라도 지도교수와 충분한 시간을 갖고 대화할 기회는 많지 않다. 지도교수는 우리가 생각하는 것보다 훨씬 바쁘고 시간이 없다. 나들이 가는 기분으로 학회 세미나에 함께 가면서 충분히 상담 시간을 갖는 것도 큰 도움이 된다.

대학원 용어들

학부만 졸업하고 사회로 뛰어들었다가 뒤늦게 대학원에 입학한 이들은 대학원 용어를 잘 알아듣지 못한다. 대학원만 쓰는 용어가 의외로 많다. 대학원에 처음 입학하면 용어를 알아듣지 못해 어리둥절할 때가 많다. 세월이 지나면서 하나둘씩 관련 어휘 습득이 많아지지만, 처음에는 소통에 어려움을 겪기도 한다. 남들이 너무 자연스럽게 쓰는 용어를 하나하나 매번 묻는 것도 말처럼 쉬운 일은 아니다. 생각나는 대로 대학원에서 자주 사용하는 용어 몇 가지를 정리해 본다.

Ph.D와 J.S.D 그리고 M.D

- **Ph.D**: 일반적으로 여러 분야의 박사학위 소지자나 의사를 Ph.D로 표기한다. 철학박사(哲學博士, Doctor of Philosophy)를 칭한다. 철학박사 명칭의 '철학'은 현대의 분과적 철학만을 가리키는 것은 아니며, 전체적 과학 분야인 인문과학과 자연과학을 아우르는 모든 분야를 지칭한다. 대한민국에서 간단히

'박사'라고 칭한다. 흔히 대화할 때는 철학박사라 부르지 않고 "박사"로 부른다.

- **J.S.D: 법학박사**(法學博士, Juris Scientiqe Doctor)

법학 분야에서 수여되는 최고 수준의 학술 학위다. 미국을 비롯한 일부 국가에서 제공되는 학위로, 법학 박사(Ph.D.)와 비슷한 성격을 갖는다. 다만, 학문적이고 연구 중심의 학위로 구분할 수 있다. 학문적 연구를 중점으로 하며, 독창적인 법학 연구를 통해 학문적 기여를 요구한다. 주로 법학 석사(LL.M) 과정을 마친 후 진학하는 경우가 많다.

- **M.D: 의학박사**(醫學博士, Doctor of Medicine)

의사가 되는 데 필요한 학위로, 전 세계적으로 의료 분야에서 인정받는 전문학위다. 의학 공부를 마친 후 환자 치료와 의료 행위에 종사할 수 있는 자격을 갖추는 데 필요한 학위로 대부분 국가에서 M.D는 의료 면허를 취득하기 위한 기본 자격 요건이다. 보통 4년의 의학 교육 과정을 거치며, 이후에는 인턴십과 레지던트 과정을 통해 전문 분야에서 훈련받는다.

프로포절(Proposal/연구계획발표 Reserch Plan)

어떤 논문을 쓰고자 할 때, 자신이 이 주제를 가지고 이렇게 연구를 진행할 것임을 알리는 문서와 그것을 발표하는 행위를 지칭한다. 연구에 필요한 연구비 지원을 요청하는 문서를 칭하기도 한다. 학위논문을 준비 중인 원생이라면, 제일 중요한 것은 내가 할 연구의 가치를 설득하는 것이다. 연구의 배경과 동기를 설명하고, 기존의 이론적 조망이나 연구의 영역과 관련하여 미진한 부분이 무엇인지를 밝히는 과정이다. 프로포절은 연구 방법까지만 완성해 발표한다.

자기가 쓸 논문 내용의 반절만 쓰고, 연구가 계획대로 잘 흘러갔을 때 얻어질 데이터가 어떠할지, 그리고 그 데이터가 갖는 학술적인 의의는 무엇일지 예측하는 내용을 덧붙여야 한다. 대개 프레젠테이션을 위한 PPT로 자료를 만들어 발표한다. 연구를 다 마치고 학위를 받기 위해 발표하고 심사받는 공개발표와 비슷하지만, 차이가 있다. 공개발표는 연구를 확실히 완료한 상태에서 발표하여 자신이 그동안 연구한 모든 걸 교수들에게 공개해야 한다. 반면 프로포절은 '당분간 이런 내용으로 연구해서 학위를 받고 싶은데 괜찮을지'를 미리 심사받는 단계이다. 한국어로 영구 계획발표라고 부른다.

디펜스(Defence)

디펜스는 대학원 생활 동안 진행한 모든 연구를 종합 및 요약해 발표하고 학과 내 모든 교수와 동료 원생 앞에서 쏟아지는 질의에 방어하며 검증받는 과정이다. 연구물 발표에 온갖 질문과 공세가 쏟아지면, 모든 지식과 근거를 토대로 방어해야 한다. 이 관문을 '디펜스'라고 칭하는 건, 이 과정을 무사통과해야만 학위를 받을 수 있기 때문이다. 학위논문 작성의 어려운 통과의례 중 하나이다.

에세이(Essay)

에세이란 용어를 쓰는 분야는 대략 세 곳이다. 문학계와 학술계, 그리고 입시계이다. 문학에서 에세이(수상록)는 수필(隨筆)의 하나로, 일정한 형식을 따르지 않고 느낌이나 체험을 생각나는 대로 쓴 글을 말한다. 경수필과 달리 좀 더 객관적이고 진중하다.

학계는 아카데믹 에세이(Academic essay)를 칭한다. 소논문(小論文)이라고도 한다. 여기서 에세이는 논고에 가까우므로, 수필로서의 에세이와 전혀 다른 글이다. 개인적인 감상은 배제하고 객관적인 논조를 제시해야 하며, 외부 자료를 인용할 때 인용 규칙도 따라야 한다. 기본적으로 서론-본론-결론의 구조를 따른다. 반드시 중심 문장인 '논제 서술문(thesis statement)'이 들어가야 하고, 그 문장은 서론에 포함되어 있어야 한다. 에세이의 모든 내용은 '논제 서술문'과 직접적으로 관련되는 것으로 통일성을 갖추어야 한다.

대한민국과 일본은 소논문을 포함하는 모든 대학 과제를 전부 리포트라고 칭한다. 한국은 일본의 대학 커리큘럼 영향을 받아 해당 어휘가 그대로 수입되었기 때문이다. 영미권은 소논문 과제물을 '페이퍼' 또는 '에세이'로 통칭해서 이공계에서 주로 제출하는 보고서(report)와 구분한다. 학술적 에세이가 꼭 담아야 하는 것은 자신의 분명한 주장이다. 왜 이런 주장을 하고, 왜 맞는다고 생각하는지 논리적으로 밝혀 독자를 설득해야 한다.

어드미션 에세이(Admission essay)는 일반적으로 대학 입학에 있어서 자기소개서와 유사한 구실을 하는 에세이이다. 입학처가 에세이 제출을 요구하는 경우, 최소한 에세이라는 이름에 걸맞은 정도의 형식을 갖추는 것이 필요하다. 서론, 본론, 결론의 구성을 갖추고, 논지(thesis)를 배치하며 글의 메시지를 일관적으로 유지할 필요가 있다.

RISS(Research Information Sharing Service)

RISS는 국가연구경쟁력 강화 및 미래인재 양성을 위한 국가 차원의 학술연구 정보 공유 플랫폼이다. 한국교육학술정보원(KERIS)이 운영하고 있다. 연구 활동의 효율성 증진, 고등교육 경쟁력 향상, 국가연구 경쟁력 강화를 위해 1998년 개통했다. 전국 4년제 대학이 100% 참여하는 학술 정보 공동 활용

체제를 기반으로 대학이 생산·보유·구독하는 모든 학술자원을 공통으로 이용할 수 있도록 개방된 서비스를 제공한다.

전국 대학생·대학원생, 기관 연구원, 교수자, 사서 등 학술연구 분야에 관심 있는 국민을 대상으로 전국 대학 생산 학위·학술논문 및 단행본 등 통합 검색·이용을 제공하고 있다. 대개 재학 중인 학교 도서관 홈페이지를 거쳐 연결할 수 있고, 자료가 방대해 모든 연구자와 대학원생이 즐겨 쓴다. RISS를 이용하지 않고, 논문을 쓴다는 건 사실상 불가능하다. 서적보다 논문 위주로 학습하는 대학원생과 연구원, 교수 등은 수시 접속할 수밖에 없다. 대학원생의 경우, 수료 후 일정 기간이 지나면 서비스 제공이 유료로 전환된다. 무료로 이용할 수 있을 때 최대한 많은 자료를 수집하는 게 유리하다.

수료, 수료생

대학원에는 수료생이 많다. 석사든 박사든 코스웍을 마치면 '수료'라 한다. 수료는 수업 참가 의무에서 벗어나게 돼 그만큼 개인 시간이 많아진다는 점에서 약간의 해방감을 느끼게 한다. 그러나 수료 이후 학위논문을 통과하지 못하면 학위를 받을 수 없고, 수료생으로 남게 된다. 석사는 수료생으로 머무는 사례가 드물지만, 박사는 학위를 얻고 졸업하는 이들만큼이나 수료에 그치는 이들이 많다. 학교와 학과에 따라 수료생 비율은 차이를 보이지만, 대학원 전체를 살펴보면 박사과정의 경우 졸업하지 못하고 수료에 머무는 사례가 아주 많다.

선생님

　석사든 박사든 대학원에 입학하는 순간, 원생 간에 호칭은 '선생님'으로 통일된다. 나이가 많고 적음은 상관하지 않는다. 직접 호칭으로 서로를 부를 때 이름 뒤에 또는 성씨 뒤에 '선생님'을 붙여 부른다. 간접 호칭일 때도 마찬가지다. 나이가 한참 많은 선배가 후배를 부를 때는 이름이나 성씨 뒤에 '님' 자를 빼고 '선생'이라고 부르기도 한다. 교수가 학생을 부를 때도 역시 '선생' 또는 '선생님'이란 호칭을 쓴다. 학문의 길로 접어든 사람에 대한 예우 차원의 호칭일 거로 본다. 집단 호칭은 '대학원생'을 줄여 '원생'이라고 칭한다.

　석사를 졸업했다고 해서, 석사라는 호칭을 붙이지 않는다. 석사과정에 갓 입학한 원생에게도 '선생님'이란 호칭이 사용된다. 박사과정을 수료하고 수년째 학위과정을 통과하지 못하고 학교에 머무는 이들에 대한 호칭도 '선생님'이다. 수료생에 대한 별도의 호칭도 존재하지 않는다. 원생끼리는 나이나 연차에 상관없이 '선생님'이란 호칭이 일반화돼 있다. 학부 선배나, 초중고 선배가 대학원에서 함께 공부할 때 '선배님' 등의 호칭을 사용하기도 하지만, 보편적이지 않다. 석사를 거쳐 박사과정을 모두 마치고, 박사학위를 얻게 되면 그때부터는 이름이나 성씨 뒤에 '박사님'이란 호칭을 쓴다. 원칙이라기보다는 관례다. 오랜 수료 기간을 거쳐 박사가 되면, 호칭이 달라지며 기나긴 대학원 과정에 마침표를 찍었음을 실감하게 된다.

세미나(seminar)

세미나는 특정 주제에 관해 깊이 있는 토론을 하고, 지식을 공유하기 위해 소규모 그룹이 모이는 학술적 또는 전문적 회의를 일컫는 말이다. 주제 발표자의 발표를 듣고, 그것에 관해 질문하고, 토론하며, 자기 의견을 나눌 기회를 제공한다. 전문지식의 전달과 심화에 효과가 큰 방식이다. 세미나는 주최와 주관을 정하고 다수의 참여를 유도해 진행하는 대규모로 진행하기도 하지만, 절차를 간소화해 소규모로 진행하기도 한다. 대학원에서 논문 발표를 앞둔 원생이 연구 진행 상황과 성과 등을 발표하면 나머지 다수의 원생이 느낀 바를 말하고, 질의하는 형태의 수업을 수시로 진행한다. 교수와 전체 대학원생이 참여하는 발표에 앞서 원생끼리 소규모 세미나를 수시로 연다.

정기 세미나와 부정기 세미나가 있고, 최근에는 디지털화의 진전으로 온라인 세미나가 늘어나고 있다. 온라인 세미나는 시간적, 지리적 제약을 뛰어넘는 학습과 토론의 기회를 제공한다. 온라인과 오프라인의 결합 형태인 하이브리드 세미나는 양자의 장점을 결합하여 참여율을 높이는 한편 접근성과 효율성을 높이는 장점이 있다. 대학원에서 코스웍 이외에 일 방향 수업은 거의 없다. 코스웍도 세미나 형태로 진행하는 게 일반적이다. 대학원에 입문한 후 졸업할 때까지, 혹은 졸업 이후 지속해 연구자로 활동하고자 한다면 세미나 참여는 계속될 수밖에 없다.

학술지(Academic journal)

학술지(學術誌) 또는 학술 잡지(學術雜誌)는 연구자가 집필한 논문을 게재하는 간행물이다. 학술 분야에 따라 다양한 종류의 학술지가 발행된다. 해당 분야의 전문가의 연구 결과를 공유하는 장이다. 즉, 연구자는 자신의 연구 결과를 논문 형식으로 세상에 알리며, 학술지는 그러한 논문을 발표하는 수단이다. 학술지에 투고하는 논문은 철저한 검증 과정을 거쳐 게재되는 걸 원칙으로 한다. 다수의 전문가가 투고된 논문을 심사하여 엄격한 기준을 통과한 경우만 게재한다. 국내저널(KCI)과 국제저널(SCI)로 구분한다.

SKP, IST, YKSH

공식적인 서적이나 논문 등에서 사용하지 않는 용어인데,

SNS 등에 자주 등장한다. 대화 중에도 이런 말을 사용하는 이들을 자주 만난다. 대학원을 포함해 대학을 분류하는 말인데, 상위권 대학을 묶어 서열화한 거로 사용을 권장하고 싶지 않은 용어다. 인문·사회계열은 거의 사용하지 않는데, 이공계열은 자주 사용한다.

- **SKP:** 서울대(S), 카이스트(K), 포스텍(P)을 한꺼번에 칭하는 말이다.
- **IST:** 지역 과학기술원인 GIST(광주) UNIST(울산) DGIST(대구·경북)를 통칭하는 말이다.
- **YKSH:** 연세대(Y), 고려대(K), 성균관대(S), 한양대(H)를 한꺼번에 이르는 말이다.

콘택(contack)

대학원에 전일제 원생이 된다는 건, 해당 학교 해당 학과에 입학하는 것이고, 또한 연구실에 인턴으로 들어가고 싶다는 거다. 이때 담당 교수와 사전 접촉해 의사를 전달하고 연구실 운영 전반에 관해 정보를 파악하는 절차를 거치게 된다. 이메일 등을 활용해 자신이 연구실 일원으로 참가하고 싶다는 의사를 담당 교수에게 전달하고, 직접 만나 면접하는 일을 콘택이라 칭한다.

리젝(reject)

어떤 형태의 응시나 도전에서 거부당하는 걸 의미하는 말이다. 대학원 입학을 위해 콘택 했다가 거부당하기도 하고, 연구소 인턴을 신청했는데 거부당하기도 한다. 유학을 준비하는 과정에서 입학을 콘택 했다가, 실패하는 사례도 있다. 이 또한 리젝으로 표현한다. 학술논문을 써 학술지에 투고했는데, 학술지 측에서 여러 이유를 들어 게재 불가 판정을 내리기도 한다. 이때도 리젝이라고 표현한다. 대학원 생활하면서 아주 자주 듣게 되는 말이다.

포닥(podoc)

포스트 닥터(post doctor)의 줄임말이다. 대학원 과정을 거쳐 박사가 되었고, 그 후 연구원 자격으로 계속 연구 활동하는 이들을 '포닥' 또는 '포스트닥'이라고 표현한다. 박사학위를 받았다고 해서 당장 교수나 연구원으로 임용되는 건 아니다. 충분히 연구 역량을 기르고, 점수 관리를 통해 실적을 쌓아야 임용의 기회를 잡을 수 있다. 포닥은 박사과정을 마치고 다음 단계 진입을 위해 연구 활동을 이어가는 이들을 말한다. 포닥은 적정 급여를 받고, 박사 자격으로 연구를 이어간다는 점에서 대학원생일 때와는 다른 대우를 받는다.

제2장

박사가 뭐길래

박사博士의 의미

한자를 풀면 '넓을 박'에 '선비 사'다. 그래서 다수의 사람은 박사가 학문적 지식이 넓고 풍부한 사람을 일컫는 말로 생각하기 쉽다. 또 대학원을 다녀봤거나, 학문에 관심이 있는 사람은 '오히려 특정 분야에 깊이 있는 지식을 갖고 있는 사람'이라고 정의 내리기도 한다. 그러나 양자 모두 박사에 대한 정확한 의미가 아니다. 박사는 사전적으로 '스스로 알려지지 않았던 문제를 발굴하거나, 지금껏 해결하지 못한 문제의 정답이나 해결책을 제시할 수 있을 만큼의 학식을 갖추었다고 제도적으로 인정받는 사람에게 수여하는 학위'라고 정의한다. 즉, 사람을 지칭하기도 하지만, 본질적으로는 학문적 지위라 할 수 있는 학위를 지칭하는 말이다.

박사는 지금껏 인류가 발견하지 못한 미지의 학술 영역에 도전하는 수준까지 연구 능력이 다다랐음을 인정하는 학위다. 학사와 석사, 또는 그에 준하는 자격을 소지해야만 취득할 수 있는 최고의 학위다. 현대적 박사학위 제도는 19세기 독일에서 시작했고, 출발점은 철학이다. 박사학위가 있다는 것은 '학위논문에 한정된 주제에 관하여 납득 가능한 연구 방법을 통해 타인에게 설득력 있는 성과물을 낼 수 있는 전문가임을 공식적으로 인정받은 것'이다. 쉽게 풀면 '혼자 연구하여 세상에 없는 새로운 사실을 밝혀낼 줄 아는 능력과 자격을 인정받는 것, 또는 그런 사람'을 칭한다.

한·중·일 등 동아시아권 한자문화권은 어떤 학문을 전문적으로 담당하는 관직명으로 박사라는 용어를 썼다. 중국 한나라에는 경전 연구를 담당하는 '오경박사'라는 관직이 있었다. 백제 왕인 박사가 왜(倭)국에 건너가 '천자문'과 '논어'를 전했다는 역사 기록이 남아있다. 신라도 기상현상을 관측하는 '천문박사', 의학을 관장하는 '의박사', 수학을 관장하는 '산(算)박사' 등을 두었다는 기록이 있다. 동아시아의 박사는 서양의 Doctor의 개념과 정확히 일치한다고 볼 수 없지만, 19세기에 서양의 여러 문물과 제도가 유입되는 과정에서 Doctor를 동양의 개념 중 유사한 '박사'로 번역한 것이다.

Doctor는 라틴어로 '가르치다' '지시하다' 등을 뜻하는 'Docere'에 어원을 둔다. 박사학위는 중세 유럽 대학의 교육면허인 'licentia docendi'에서 비롯되었다. 영어에서 Doctor는 '박사'와 '의사' 양자에 쓰지만, 라틴어의 Doctor에는 의사란 뜻이 없다. 라틴어의 'Doc-' 어간은 '가르친다'란 뜻을 갖는데, 이로 미루어 볼 때 박사학위는 해당 학문을 강의할 수 있을 정도로 통달했다는 의미일 거로 추측한다. 동서양을 막론하고 박사란 학문 분야에서 최고의 경지나 단계에 올랐음을 인정하는 지위 또는 그러한 사람을 일컫는 말로 통용된다.

　대학이 생겨난 중세 유럽에서 학사–석사–박사로 이어지는 체계가 생겨났다. 학문의 기초를 익히면 학사가 되고, 다시 몇 년 심화학습을 하면 석사가 되었다. 석사는 교수직을 맡을 권한이 부여됐다. 당시 석사까지 대개 10년의 세월이 소요됐다고 한다. 여기에 더해 수년의 연구를 거듭해 전공 분야에 정통하면 박사학위를 받았다. 당시 박사는 학계 권위자로 명성을 떨쳤고, 상류층으로 대우받았다고 한다. 관료나 가신으로 중용되었고, 고위 공직을 역임하면서 귀족으로 대접받았다.

　국내 대학원 졸업생 수가 매년 늘면서 박사학위 취득자도 매년 증가하고 있다. 2010년 처음으로 연간 1만 명 배출 시대를 연 이후 매년 증가해 2020년대 후반이면 2만 명 배출 시대를 맞을 것으로 예측된다. 그러나 박사학위자 수가 늘었다고 해서 학위 취득이 전보다 쉬워졌다는 건 아니다. 학위 취득 과정은 오히려 어려워졌다는 게 일반적 평가다. 90년대 초반부터 2000년대 초반 무렵 박사학위가 남발된다는 우려에 따라 정부가 이후 대학 평가를 강화하면서 학위 수여는 까다로워졌다. 박사학위에 도전하는 수가 늘어난 것이지, 취득 조건이 느슨해진 건 아니다.

박사와 석사의 차이

학사학위가 있어야 석사과정을 밟을 수 있고, 석사학위가 있어야 박사과정을 밟을 수 있다. 학사는 대학 학부를 졸업하면 되고, 석사와 박사학위는 대학원을 졸업해야 얻을 수 있다. 석사와 박사는 대학원이란 공간에서 만나 함께 수업하고, 학술 활동도 같이한다. 적어도 코스웍 과정만큼은 양자 간 별다른 차이가 없다. 같은 대학원생이다. 그러나 석사와 박사의 차이는 분명하다. 졸업해 학위를 받기까지 과정의 경중 차이가 크고, 졸업 후 사회적 인식도 천양지차다. 조심스러운 얘기지만, 석사학위를 받고, 박사과정에 진학하지 않았다면, 포지션이 참으로 애매하다. 석사는 나름의 가치도 분명히 있지만, 학계에는 박사로 가기 위한 과정이고 절차라는 의식이 그만큼 강하다.

학계가 아닌 기업 등은 석사학위자를 우대하기도 하지만, 대단히 제한적이다. 공학계 등 진로가 다양한 분야라면 모를까 인문계, 사회계, 이학계 등은 석사학위만 가지고 우대받는 일이 거의 없다. 이들 분야는 석사를 박사로 가는 과정으로 여기는 풍토가 강하다. 석사학위로 할 수 있는 일이 별로 없기 때문이다. 대학원 진학률이 저조해 석사학위도 희소성이 있던 시절에는 석사학위의 효용가치가 나름 컸지만, 요즘은 박사학위자가 워낙 많이 배출되다 보니, 석사학위자의 설 자리가 그만큼 줄어들고 있는 게 사실이다. 그러나 양자의 차이는 비단 희소성에서 비롯되지 않는다.

한 블로그에서 찾은 양자 간 비교가 적절해 옮겨 적는다. '석사와 박사는 모두 아카데미아에 벽돌을 쌓아가는 과정이라 할 수 있다. 석사는 이미 쌓은 벽돌에 색을 칠하거나, 기존 벽돌을 더 효율적으로 쌓을 방법 또는 기존 목적과 다른 목적으로 활용할 수 있는 방법 등처럼 문제해결 과정에 초점을 맞춰 과정을 진행한다. 이에 비해 박사는 비어있는 공간에 새로운 벽돌 하나를 올려놓는 느낌이라고 표현하면 적절하겠다. 박사는 기존의 벽돌을 활용하는 게 아니라, 본인이 새로운 벽돌을 하나 만들어 내는 과정에 초점이 맞춰져 있다. 세상에 없는 새로운 지식을 만들어 내고 아카데미아에 쌓아야 박사가 된다.'

석사과정은 기존의 이론적 배경을 바탕으로 가설을 검증하는 과정을 배운다. 연구의 처음과 끝에 대한 기본을 연습한다. 연구 주제의 설정부터 시작해 독립적인 연구를 수행하기보다는, 교수나 선배 연구자의 지도를 받는 게 일반적이다. 그러나 박사과정은 기존 선행연구가 지금껏 풀지 못했거나,

풀지 않은 문제를 찾아내 해결하는 과정을 거쳐야 한다. 수많은 기존 연구자가 이루어 놓은 선행연구의 빈 곳을 찾는 과정을 거쳐야 한다. 빈 곳을 찾기도 어렵지만, 여기에 벽돌을 만들어 끼워 넣는 방법도 찾아내야 한다. 연구 방식 면에서도 독립적으로 연구를 계획하고 진행하는 걸 배우는 단계로 봐야 한다.

석사과정은 문제를 해결하는 방법과 그 과정에 초점이 맞춰있다. 전공 분야 이론을 더 깊이 공부하고, 하나의 문제를 풀기 위해 다양한 가설을 세워보면서 그 가설이 맞는지 검증해 나가는 과정을 반복해 배운다. 이런 과정을 겪고 문제해결 능력이 어느 정도 해결됐을 때, 문제를 해결해 가는 과정을 글로 정리하면 그게 석사학위논문이 된다. 반면 박사는 다른 연구자의 성과를 공부하면서 아직 풀어내지 못한 문제를 찾아내야 한다. 그 문제를 하나씩 해결해 나가면서 스스로 연구를 계획하고 수행하는 걸 배운다. 박사는 전공 분야에서 해결해야 할 문제점을 찾아내고, 그 문제를 풀기 위해 계획을 수립하고 문제를 풀어 해답을 찾아낼 수 있어야 한다.

아무래도 가장 큰 차이점은 학위논문의 무게감이다. 석사학위논문은 대개 100쪽 전후로 쓰지만 박사학위논문은 400쪽 전후가 일반적이다. 도표나 그림 등이 상대적으로 적은 인문·사회·교육계열은 200쪽 전후로 작성되기도 한다. 석사과정은 논문을 써서 통과하고 최종 학위를 받기까지 2년을 잡지만, 박사는 단정하기 어렵다. 빠르면 4년가량이 걸리고, 늦으면 10년도 걸릴 수 있다. 학교마다 학과마다 차이가 있지만, 박사는 학위논문을 쓸 자격을 얻기 위한 복잡하고 어려운 단계를 거쳐야 한다. 시간제 원생이라면 거기에만 몇 년이 소요될 수 있다. 석사논문은 이미 발표된 논문의 문헌 검토 형태로 전공과목이나 기존 연구 지식을 증명하는 수준이면 족하지만, 박사논문은 새로운 연구 주제를 찾아 그 결과물을 제시해야 한다. 그 점이 가장 큰 차이다.

성실한 자만 밟을 수 있는 고지

박사가 된 이들의 면면을 살펴보면 공통점이 하나 있다. 하나같이 성실한 사람이란 거다. 너무나 당연해서 재차 거론할 필요조차 없는 말이다. 박사과정은 멀고 험한 길이어서 성실성이 밑바탕 되지 않으면 절대 다다를 수 없는 고지다. 제아무리 명석하고 재능이 탁월한 사람이라도 성실하지 않다면 단연코 박사가 될 수 없다. 자격시험을 통해 일정 점수 이상을 얻게 하거나, 성적으로 순위를 매겨 일정 인원을 가려내는 방식으로 당락을 결정하는 시험을 통과하는 것과 박사과정을 통과하는 건 다르다. 물론 시험을 잘 치르는 것도 성실성과 연관된다. 오랜 기간 준비해야 하는 관문이 좁은 시험은 더욱 그러하다. 그러나 명석한 사람이 단기간에 어렵나는 시험을 통과하는 사례는 있다.

이에 비해 박사과정은 많은 차이점을 보인다. 명석함은 박사과정을 진행하는 과정 중 갖춰야 할 여러 요건 중 한참 후 순위의 항목이다. 명석하면 유리하겠지만, 성실성이 우선이다. 성실과 함께 인내, 근면, 절제, 겸손 등도 박사가 되기 위해 갖춰야 할 소양이다. 박사가 되기 위한 과정은 절대 녹록지 않다. 참고 견디며 묵묵히 가야 할 길을 가야만 모든 관문을 통과할 수 있다. 훗날 "그때 이렇게 했으면 그 고생을 안 해도 됐을 텐데"라고 말하며 후회하는 일도 많을 거다. 그러나 쉬운 길을 몰라 멀리 돌아가는 과정을 경험하는 것까지도 박사가 되기 위해 겪어야 할 과정이라고 생각해야 한다.

소위 명문대 출신이 사회에서 인정받는 이유는 많다. 그들은 명석한 두뇌를 가졌고, 덧붙여 성실했기 때문에 좁은 관문을 통과할 수 있었다. 그러나 아주 드물게는 명석함을 앞세워 성실하지 않은데도 그 관문을 통과하는 사례도 있다. 또, 부모를 비롯한 주변인의 전폭적인 지원이 성실성으로 채워야 할 영역을 대신 메워주는 사례도 있다. 족집게 과외나 고가의 학원 수강 등이 그러한 예가 될 수 있다. 하지만, 박사과정엔 그런 게 없다. 족집게도 없고, 스타강사의 도움도 없다. 오로지 본인 스스로 헤쳐 나가야 한다. 입시 합격이나 자격 취득을 위해 시험을 치르는 과정을 학문이라고 일컫지는 않는다. 학문은 소위 진리 탐구를 목적으로 하지만, 시험을 치러 관문을 통과하는 행위는 이미 밝혀진 사실을 누가 많이 이해하고 암기하느냐의 경쟁이기 때문이다.

학문을 한다는 건 세상에 없는 새로운 사실을 밝혀내고, 그것을 진리의 범주로 끌어들여야 한다. 끊임없이 궁리하고 체험하며 진리를 향해 달려가야 한다. 명석함은 성실함 뒤의 애

기다. 성실하지 않은 사람은 도저히 버텨낼 수 없고, 성취할 수 없는 구조다. 석사도 그러하거니와 박사는 더 말할 나위 없다. 박사과정은 명문대 입학 관문을 통과하는 것보다 몇 곱절 성실해야 성취할 수 있다.

한국직업능력개발원의 자료에 따르면 국내 박사학위 취득자의 50% 이상이 학업과 일을 겸하는 시간세 원생 출신이다. 30대는 전일제 원생 출신이 90% 이상으로 절대 비중을 차지했지만, 40대 이후부터는 상황이 반전돼 오히려 직업인 원생 출신이 90%에 육박한다. 둘 중 하나만 감당하기에도 힘겹다. 한국과 같은 근로 지상주의 사회에서 직업을 갖고 학업을 병행했다면, 얼마나 고달프고 힘겨운 시간을 보냈을지 짐작할 수 있다. 사생활을 포기하고, 잠자는 시간을 대폭 줄였을 게 분명하다. 그렇게 하지 않고는 학업에 필요한 시간을 확보할 방법이 없다. 직업을 가진 이들은 늘 피곤하다. 과제물을 작성해 제출하고, 논문 작성을 준비했다는 건 결코 쉬운 일이 아니다.

대학원은, 특히 박사과정은 시작은 쉽지만, 끝을 보고 결과를 얻기까지 과정이 멀고 험하다. 다른 직업을 갖지 않고 전일제로 학업만 하는 원생도 쉽지 않은 대학원 박사과정을 직업인 신분으로 참여하고, 성과를 낸다는 건 성실함을 거론하지 않고 설명할 길이 없다. 이토록 어려운 여정임에도 직업인의 박사학위 도전은 계속된다. 그래서 직장인을 뜻하는 샐러리맨(Salary man)과 학생을 뜻하는 스튜던트(Student)의 합성어인

샐러던트(Saladent)라는 신조어가 생겨났다. 그만큼 직업을 가진 이들의 대학원 진학이 늘고 있기 때문이다.

이들은 불안한 미래에 대비하고, 남들과 차별화된 경쟁력을 갖기 위해, 또는 자기 성취나 자기 계발을 위해 박사학위에 도전한다. 일부는 직장이 학비를 제공하고, 시간을 배려해 주는 등 전폭적으로 지지해 주기도 하지만, 그런 사례는 지극히 드물다. 국내 대부분 직장은 직원이 학업을 병행하는 걸 반기지 않는다. 노골적으로 눈치 주고 방해하는 사례도 적지 않다. 이 모든 방해 요인을 극복해 가며 대학원 학업에 참여하고, 험난하고 긴 여정인 박사학위를 얻었다면 인내심과 성실성 면에서 최고 점수를 부여해도 무방하다. 직업인으로 박사학위를 가졌다면, 그는 두말할 나위 없이 성실한 성품의 소유자라고 봐도 무방하다.

학위는 갖고 싶고, 공부하기는 싫어 레포트와 논문을 대필하거나, 권력 또는 금력을 앞세워 이런저런 핑계로 수업도 수시로 빠지며, 불성실로 일관하고도 학위를 얻는 사람이 없는 건 아니다. 하지만 세상은 안다. 그가 얼마나 성실한 성품의 소유자인지 알면 답은 나온다. 박사학위자인데 모든 모임에 다 참여하고, 얼굴에 수심은 없고 미소가 가득하다면, 단언컨대 그는 가짜박사다. 논문을 스스로 쓸 줄 모르고, 학문적 호기심이 없고, 늘 해맑은 얼굴을 하고 다니면 그는 가짜박사다. 박사학위를 마치고 나서 가장 많이 듣는 소리가 "얼굴이 밝아졌고, 혈색이 좋아졌네"라면 그는 진짜 박사다.

멀고 험한 길

　대학원에 입학하면 주변인으로부터 가장 많이 받는 질문이 "거기는 몇 년 과정이야? 언제 졸업해?" 등이다. 초중고 대학까지 6-3-3-4 학제만 경험한 이들 대부분은 대학원의 구조를 이해하지 못한다. 그래서 이런 질문을 한다. 대학원도 몇 년을 마치면 졸업할 수 있을 거로 생각하기 때문이다. 하지만 천만에다. 석사든 박사든 대학원 졸업은 기약이 없다. 한 마디로 자기 하기 나름이다. 부지런히 공부하면 석사는 2년, 박사는 4년 만에 졸업할 수 있지만, 그건 쉽지 않은 얘기다. 더구나 대학원을 다니는 동안 많은 변수가 존재한다. 특히 박사는 변수가 워낙 많아 누구도 졸업까지 걸리는 기간을 장담할 수 없다.

　전일제 원생은 학교에서 조교 등의 활동을 하기도 하지만, 대개 별도의 직업이 없이 학업에 전력한다. 그래서 시간제 원생보다 학습량이 많을 수밖에 없다. 학내 돌아가는 사정도 잘 알고, 지도교수를 만나 논문지도를 받는 기회도 그만큼 많다. 이런저런 이유로 전일제 원생은 특별한 경우가 아니면, 늘어지지 않고 졸업의 관문을 통과할 수 있다. 그래서 석사는 2년 박사는 4년 정도 걸려 학위과정을 마친다. 물론 성실하게 학사 일정에 맞춰 준비해야 가능한 기간이다. 전일제 원생 중 일부는 이보다 오랜 시간에 걸쳐 졸업하기도 한다. 전제했듯이 성실하고 착실하게 졸업에 필요한 과정을 준비했을 때이다. 전일제 원생 중에도 석사는 무난히 마치고도 박사과정을 제때 졸업 못 하는 이들이 의외로 많다.

별도의 직업을 가지고 대학원에 다니는 시간제 원생은 사정이 다르다. 아무래도 학업보다는 직업이 우선시되기 때문이다. 그래도 석사는 제때 졸업하는 경우가 많지만, 박사는 사정이 다르다. 박사과정을 진행하는 동안 발생하는 변수가 너무도 많다. 그래서 시간제 원생이 5~6년 걸려 졸업하거나, 그보다 오랜 시간이 지나 졸업하는 사례가 많다. 집중해서 몰아쳐 학습하지 않으면, 박사학위논문을 쓰는 건, 불가능하다. 적어도 반년 정도는 박사학위논문을 쓰는 데 파묻혀야 한다. 박사학위논문을 본인이 쓰고 싶다고 아무 때나 쓰는 게 아니다. 학교, 학과에서 정한 규정에 맞게 학술지 논문을 투고해야 하고, 학위논문 계획을 학과 내 모든 교수와 대학원생 앞에서 발표해 통과해야 한다.

이런 어려운 절차 때문에 코스웍을 마치고, 논문 집필을 못해 졸업을 수년씩 미루는 사례가 허다하다. 남들보다 몇 년이라도 더 걸려 학위논문을 쓰고 졸업하면 그나마 다행이다. 중도에 포기하는 사례가 매우 많다. 그러니 박사학위는 몇 년 만에 얻을 수 있다고 단정하기 어렵다. 말 그대로 자기 하기 나름이다. 집중하고 매진하면 그만큼 졸업이 빨라지지만, 차일피일하고 늘어지면 졸업은 하염없이 미뤄진다. 미루다 보면 점점 자신감도 떨어져 결국 포기하는 사례도 많다. 박사과정에 도전했다가 결실을 보지 못하고 수료로 끝내는 이들이 유난히 많은 이유다.

아무리 명석한 두뇌를 가진 사람도 박사과정을 단번에 통과하기란 쉽지 않다. 가족 등 친한 주변인이 학위과정 원생의 근거리에서 방향을 일러주고, 논문 작성법을 지도해 주는 등의 도움을 주면 한결 수월할 수 있지만, 그런 상황이 아닌 다수의 원생에게 대학원 박사과정은 매우 멀고 험한 길이다. 특히 논문을 스스로 작성하는 일은 매우 어렵다. 박사 학위과정을 진행하는 동안 누구도 논문 작성법에 관해 일러주지 않는다. 스스로 부단히 읽고 쓰는 훈련을 반복하며 방법을 터득하게 된다. 모든 과정을 마치고 나면 그때 가서야 '아! 논문은 이렇게 쓰는 거구나' 하고 깨닫게 된다. 조금 쉽게 갈 수는 있을지언정, 결코 빨리 쉽게 갈 수 없는 게 박사 학위과정이다.

수료와 졸업

　석사를 수료에서 멈추는 사례는 많지 않다. 그러나 박사는 졸업 못 하고 수료에 멈추는 사례가 아주 많다. 각종 서식의 최종학력란에 '박사학위 수료'로 적는 이들을 아주 많이 본다. 그러나 엄격히 말하면 박사학위 수료는 그냥 석사학위 졸업과 같다. 박사 수료란 학위는 없다. 박사 수료자 간에도 차이는 크다. 일단 코스웍을 모두 마치면 수료다. 그러나 코스웍을 마치면 그때부터 본격적인 박사 학위과정이 시작된다고 해도 무방할 정도로, 수료 이후의 과정은 복잡하고 어렵다. 학교마다 학과마다 차이가 있지만, 여러 단계를 거쳐야 한다. 그 관문 하나하나가 어렵다.

　코스웍을 마치면 학위논문제출자격시험을 치러 통과해야 한다. 외국어 시험도 통과해야 한다. 외국어 시험은 토익 성적을 제출하는 거로 대신하기도 한다. 또 국제학술지나 국내 학술지에 몇 편의 논문을 실어야 한다. 학술지에 논문을 싣는 게 생각같이 쉽지 않다. 학술지마다 엄격한 심사를 거쳐 논문을 검수하고, 모든 요건을 갖추었을 때 통과시킨다. 학술지 논문은 학위논문과 비교해 쉽다고 말할 수 없다. 분량이 적을 뿐이지, 학술 가치가 있는 새로운 사실을 밝혀내야 한다는 점은 같다. 그러니 학술지 논문 한 편 통과하는 데 적지 않은 시간이 걸린다. 학술지 논문을 학교나 학과에서 정한 기준에 맞게 써야 비로소 학위논문을 쓸 자격이 생긴다.

학위논문은 우선 연구의 목적, 방법, 대상 등을 담은 연구계획서를 쓰는 데서 출발한다. 그 연구계획서를 모든 전공과 교수와 대학원생 앞에서 발표하고, 그들을 설득해야 한다. 이때 걷잡을 수 없이 쏟아지는 질문 세례를 온몸으로 막아내야 한다. 이 과정을 프로포절이라 칭한다. 발표자 한 명을 세워놓고 집중적으로 질문 포화를 던지면, 웬만한 사람은 넋을 잃고 만다. 그러니 쏟아질 질문에 대비해 다각도로 답변을 준비해 두어야 한다. 성실히 박사과정을 마친 인물이라면 이때 며칠씩 밤샘 작업을 한 고생을 기억한다.

학위논문을 쓸 때는 지금껏 학계에 보고되지 않은 새로운 사실을, 연구를 통해 밝혀내고, 그것을 논문에 담아내야 한다. 논문은 객관적 실험 결과를 기록하는 것으로 자기 추측이나 사회통설 등을 담아선 안 된다. 학위논문을 쓸 때 최소 몇 개월의 연구 실험을 진행해야 하고, 그것을 정리해 기록해야 한다. 물론 심사라는 아주 까다로운 절차를 거쳐야 한다. 이 절차는 만만치 않다. 아무리 완벽하게 준비한다 해도 전문가의 눈에는 허점투성이일 수밖에 없다. 산 넘으면 산이 나타나는 게 학위논문 작성 과정이다. 특히 박사학위논문은 더욱 그러하다.

　대개 학위논문을 쓰는 과정을 겪으며 체중이 몇 킬로그램씩 줄기도 하고, 과도한 스트레스로 넋을 잃는 경험을 하게 된다. 마음이 강건하지 못하고 소심한 이들은 정신 질환을 얻기도 한다. 이런 과정을 겪어야 비로소 박사가 된다. 그러니 박사 수료와 박사 졸업의 차이는 클 수밖에 없다. 수료에 그친다면 소득은 없고 엄청난 시간과 비용을 허비하는 딱한 처지가 된다. 그러니 이를 악물고 버텨 학위를 받아야 한다. 수료는 그저 수료일 뿐이다.

학위논문 제출 자격시험
(논자시/Thesis Submission Qualification Exam)

　대학원 코스웍을 마치면, 또는 마치기 직전 논문자격시험을 치르게 된다. 코스웍 동안 참여한 과목에 관해 성취도를 평가받는 절차다. '종합시험' 또는 '전공자격시험'이라고 부르기도 한다. 가볍다면 가볍고 무겁다면 무거운 절차다. 코스웍 중 수강한 전체 과목을 대상으로 하는 건 아니고, 이 중 몇 과목을 원생이 선택해 시험을 치르게 된다. 이때 무작정 선택하고 시험을 치르는 건 아니다. 사전에 과목 담당 교수에게 시험을 치르겠다는 뜻을 밝혀야 한다. 그러면 해당 과목 교수는 몇 명이 자기 과목에 응시하는지 파악하게 되고, 때에 따라 어떤 방식으로 대비하라는 언질을 주기도 한다.
　코스웍 중 수강한 내용을 착실히 순비하면 무난히 통과할 수 있다. 하지만 그리 호락호락하지는 않다. 준비가 미흡하면 탈락하는 사례도 있다. 2번의 기회를 주고 연거푸 탈락하면, 영원히 논문 제출 자격을 박탈하는 아주 엄격한 학교도 있다. 학교에 따라 또는 학과에 따라 어떤 과목을 과락했을 때, 과락한 과목만 재시험을 치르기도 하지만, 어느 학교는 과락한 과목을 포함해 모든 과목을 다시 봐야 하는 경우가 있다. 논문자격시험의 엄격성과 중요성은 대학, 대학원, 학과, 전공마다 분위기가 천차만별이다. 그러니 단정적으로 그 시험의 경중을 말하기란 어렵다. 통상 이공계는 전반적으로 논문자격시험 평가를 엄격하게 하는 경향이 강하다는 게 통설이다.

몇몇 학교의 경우 일정 학점을 넘으면 면제해 주기도 한다. 대략 27학점 기준으로 평균 B~B+ 이상이면 면제 기준에 해당한다. 대학마다, 대학 내에서도 학과마다 기준이 다를 수 있어 반드시 학사 공지를 유심히 살펴봐야 한다. 석사과정은 논문제출자격시험 자체가 없고 통합 및 박사과정만 치르는 학교도 있다. 어떤 학교는 1~2과목만 시험을 치르고, 또 어떤 학교는 4~5과목까지 과목 수를 늘리기도 한다. 논문자격시험에 탈락했을 경우, 처리하는 방법도 각기 다르다. 어떤 학교는 시험에 통과할 때까지 기회를 주는 반면 어떤 학교는 두 번의 기회를 주고 두 번을 떨어지면 논문 쓸 자격을 박탈하기도 한다. 대학원생에게 논문 쓰는 자격을 박탈한다는 건, 학교를 나가라는 통보다. 소위 명문대학이란 곳이 논자시에 엄격하다. 최악의 경우, 2년 넘게 코스웍을 밟고도 논자시를 통과하지 못해 학교를 떠나는 일도 있다.

너무 무겁게 생각할 필요도 없지만, 그렇다고 가볍게 여겨 준비에 소홀하면 그만큼 막중한 손해다. 이 시험을 통과하지 못하면 프로포절의 기회 자체를 얻을 수 없다. 논문자격시험의 통과 기준이 학교마다 학과마다 달라 입학 전에 논문자격시험을 생각지 않고 있다가 오리엔테이션 때 듣고 화들짝 놀라는 사례도 있다. 대학원에 진학해 학위를 받으려는 목표를 세웠다면, 입학 전에 논문자격시험의 평가 방법과 과락했을 때, 어떻게 처리하는지 상세히 알고 대비해야 한다. 논문제출자격시험은 학위 취득을 위한 전체 과정에서 빼놓을 수 없는 중요한 절차 중 하나임은 분명하다.

국내에는 얼마나 많은 박사가 있나

〈국내 박사학위 취득 현황〉

(단위: 명)

구분	2017	2018	2019	2020	2021	2022	2023
계	14,316	14,674	15,308	16,139	16,420	17,760	16,673
공학계열	3,665	3,866	4,217	4,518	4,536	4,688	4,564
자연계열	2,512	2,485	2,496	2,745	2,778	2,890	2,740
인문계열	1,296	1,373	1,506	1,582	1,528	1,668	1,767
사회계열	2,775	2,839	2,819	3,016	3,094	3,281	3,210
교육계열	889	965	997	1,014	890	1,139	1,152
의약계열	2,362	2,294	2,387	2,262	2,384	2,428	2,345
예체능계열	837	852	886	1,002	1,210	1,666	1,895

* 출처 교육개발원 교육통계연보

연간 배출되는 박사학위자 수가 매년 꾸준히 증가하고 있다. 국가통계를 집계하는 'e-나라지표'를 살펴보면 매년 국내 박사학위자 배출 수가 꾸준히 증가하고 있음을 확인할 수 있다. 이 자료로 1990년부터 2023년까지의 통계를 살펴보니 △1990년 2481명 △1995년 4107명 △2000년 6758명 △2005년 8602명 △2010년 1만 542명으로 늘었다. 1만 명 이상으로 늘어난 것은 2010년이 처음이고 증가세는 계속 이어졌다. 이후 △2015년 1만 3077명 △2020년 1만 6139명 △2021년 1만 6420명 △2022년 1만 7760명으로 계속 증가했다. 다만 △2023년에 1만 7673명으로 근소하게 줄었는데, 후기 학위자 통계가 잡히지 않아서 그럴 것으로 추측한다.

 박사학위 소지자가 매년 증가하는 걸 두고 여러 시각이 존재한다. 학위자가 너무 많아 희소성이 떨어지고, 더불어 학위의 질적 수준도 떨어지는 거 아니냐고 우려하는 이가 많다. 그러나 양적 증가가 질적 저하를 동반한다는 추측은 기우라고 분석하는 이도 많다. 각 학교가 '박사 찍어내기 양성소'라는 오명을 쓰지 않기 위해 철저한 관리를 하고 있기 때문이다. 특히 2000년을 전후해 일부 대학이 박사학위를 남발한다는 사회적 우려가 커지면서, 정부가 대대적으로 학위 관리에 들어가 이후 함량 미달의 박사학위가 양산되는 일은 사실상 자취를 감췄다. 학위 관리는 어느 대학이든 비교적 잘 되고 있다고 보아야 한다.

 그런데도 박사학위자 수가 점증하는 건 여러 이유가 있다. 우선 박사학위를 준비하는 이들의 수가 그만큼 늘었기 때문이다. 모두 알다시피 대한민국은 전 세계에서 대학 진학률이 가장 높은 나라이다. 고교졸업생의 80% 가까운 수가 대학에 진학한다. 그만큼 많은 대졸자가 매년 쏟아지고, 그 대졸자 중 적지 않은 인원이 석사과정에 입학한다. 그래서 석사학위자가 매년 폭발적으로 증가하고 있다. 이는 곧 박사학위 도전자와 졸업자 수의 증가로 연결된다. 석사학위자가 많고, 이들 중 박사학위 도전자 수가 늘어나는 만큼 박사학위자가 늘어나는 건 당연하다. 이런 이유로 박사학위자 수가 늘어나는 것이지, 박사학위의 권위나 질이 떨어진다는 걸 의미하지는 않는다. 물론 수적 증가로 인해 희소성이 떨어지고, 그만큼 권위가 떨어질 수도 있지만, 그렇다고 그것이 질적 하락으로 이어진다고 단정하기에는 무리가 있다. 학사가 느니, 석사가 늘고, 석사가 느니 박사가 느는 건 당연한 귀결이다.

이밖에 박사학위자 수가 매년 늘어나는 이유는 여럿이다. 그중 빼놓을 수 없는 이유가 시간제 원생의 증가다. 과거 일반대학원은 전일제 원생이 주류를 이뤘다. 하지만 지금의 대학원은 전일제가 소수에 그치고 대다수가 시간제 원생이 주류를 형성한다. 직장인을 위한 특수대학원이 활성화하면서, 특수대학원 출신의 석사가 크게 늘었다. 과거에는 특수대학원을 졸업한 석사가 박사과정에 진학하려면 일반대학원 석사과정을 다시 밟아야 했던 때도 있다. 하지만 지금은 특수대학원 석사 출신이라도 대부분 장벽 없이 일반대학원 박사과정에 진학할 수 있다. 그러다 보니 직업을 갖고 있는 이들의 박사과정 입학이 그만큼 늘게 되었다. 지금은 몇몇 폐쇄적인 학교, 일부 학과를 제외하면 직장인 시간제 원생이 월등히 많다.

이렇게 시간제 박사과정 원생이 늘어나면서 일반대학원 중 코스웍 진행 시간을 야간으로 옮기는 사례도 크게 늘고 있다. 직장인이 퇴근 후 수업에 참여할 수 있게 문호를 활짝 열어젖힌 거다. 오래전 특수대학원이 아닌 일반대학원에서는 상상도 못 할 일이었지만, 이제는 자연스러운 현상이 됐다. 그만큼 시간제 직장인 대학원생의 비중이 높아졌음을 의미한다. 또 일부 대학, 일부 학과는 금요일 오후와 토요일로 코스웍 시간을 몰아 배치하는 사례도 많다. 철저히 직장인 시간제 원생을 위한 배려라 할 수 있다. 이렇게 시간제 원생을 위한 배려가 확산하는 건 그들의 비중이 그만큼 높아졌기 때문이다. 극소수 학교의 일부 학과를 제외하면, 시간제 원생의 수가 전일제 원생의 수를 압도하는 건 오래전부터다.

이처럼 직장인 대학원생이 많이 늘어난 데는 여러 요인이 있지만, 변화한 직장 분위기가 한몫했다. 근로 지상주의 문화가 팽배한 한국 사회는 직장인이 직장 업무 외에 다른 것에 관심을 두는 일 자체를 받아들이지 못했다. 취미활동을 하거나, 대학원을 비롯한 학업에 참여하는 것도, 용납되지 못했다. 오로지 직장에 몰입하며 사는 게 잘사는 거라고 여기며 살았다. 한때 야간대학 붐이 일어 다수의 직장인이 일과를 마치고 야간대학에 다니는 게 유행했지만, 눈치를 보며 어렵사리 다녔다. 대학 학사과정을 다니는 것도 그렇게 힘들었던 시절에 대학원에 다니는 건 매우 어려웠다. 그래서 마음에 두었더라도 실행에 옮기는 이는 극소수였다.

하지만 지금의 직장문화는 과거와 판이하다. 누구라도 근무 시간 외 자기 계발을 위해 학업에 참여할 수 있고, 취미활동도 할 수 있다. 연차나 월차, 반차 등도 자유롭게 사용할 수 있다. 이런 직장문화의 변화는 다수의 직장인을 대학원으로 끌어들였다. 이런 문화의 변화는 특수대학원 전성시대를 이끌었고, 이 분위기가 일반대학원으로 옮겨갔다. 일반대학원으로 분위기가 옮겨갔다는 건, 직장인이 석사에서 그치지 않고 박사까지 도전할 수 있게 됐다는 걸 의미한다. 실제로 특수대학원에서 석사과정을 마친 다수의 직장인이 일반대학원으로 옮겨와 박사과정까지 참여할 수 있게 됐다. 그러니 박사 배출자 수가 매년 증가하는 건 당연한 결과다.

덧붙여 누구나 대학에 다니는 시대에 남보다 더 고학력을 갖고 싶은 욕구도 대학원 진학을 자극했다. 다수의 학사 출신 대졸자가 더 높은 학력을 갖고자 하는 마음에 석사과정을 마쳤고, 이제는 그 수요가 박사로 옮겨갔다. 행정이나 서무 등 일반직 종사자가 연구직으로 직종을 변경하고자 할 때도 대학원 진학은 물꼬 역할을 했다. 자신이 현장에서 익힌 지식과 경험을 학술적으로 인정받아 교수나 연구원이 되고자 하는 이들도 대학원으로 몰려들었고, 박사학위까지 받게 했다. 이런 갖가지 이유로 인해 국내의 박사학위자는 매년 꾸준히 늘어나고 있다. 학위자가 늘어난다고 해서 박사의 질적 하락을 동반하는 건 아니니 크게 염려하지 않아도 된다.

국내 박사와 국외 박사

국내 박사학위자가 매년 꾸준히 증가하는 거와 달리 국외에서 박사학위를 취득하고 귀국하는 이들의 수는 큰 폭의 감소세가 이어지고 있다. 국가통계자료에 따르면 국외에서 박사학위를 취득하고 귀국해 학계에 신고한 수는 △2014년 1054명 △2015년 1011명 △2016년 889명 △2017년 827명 △2018년 815명 △2019년 755명 △2020년 715명 △2021년 586명 △2022년 499명 △2023년 319명으로 눈에 띄게 줄어들고 있다. 국내에서 배출된 박사학위자와 비교할 때 10% 미만까지 감소했다. 한때 출세를 보장받는 증표로 여겼던 국외 박사학위의 인기가 시들해진 거다. 이러한 감소세는 30년째 이어지고 있다.

계열 간 해외박사 비중의 변화도 눈여겨 볼만하다. 1990년대는 사회계열의 국외 박사 비중이 높았고 이어 공학계열과 자연계열, 인문계열 순이었지만, 2020년대 이후에는 인문계열의 비중이 가장 높다. 박사학위를 목표로 국외 유학에 나서는 이들의 수가 이전에 비해 크게 줄어든 게 국외파 박사 수

감소의 가장 큰 원인이다. 또 다른 이유는 국외에서 박사학위를 얻은 이들이 국내로 돌아오지 않고 학위를 받은 국가에서 일자리를 얻어 정착하는 수가 늘어났다는 점이다.

 국내 박사는 증가하는 반면 국외 박사가 줄어드는 이유는 많다. 그중 하나가 국내 대학원의 질 향상을 들 수 있다. 자연계열과 공학계열의 경우, 정부의 전폭적인 지원 아래 대학원 교육의 질이 크게 향상되었다. 이런 이유로 굳이 국외로 진출하지 않고, 국내에서 박사 학위과정을 밟는 이들이 증가하고 있다. 이와 함께 국외로 나가 시간과 비용을 들여 박사학위를 받고 귀국해 얻는 이익이 이전에 비해 크게 위축된 것도 중요한 이유 중 하나다. 구체적으로는 2000년대 중반 이후부터 국외에서 박사학위를 받고 돌아와도 금전적 이익이 이전만큼 크지 않다는 인식이 커졌다. 국내 박사와 국외 박사 간 임금 격차가 8%를 넘지 않는다는 게 통계에 잡혔다.

 그러나 박사학위자가 가장 선망하는 직업인 대학교수의 비중을 비교해 보면 여전히 국외 박사가 높게 나타나고 있다. 국내 대학교수 중 국외 박사학위자가 차지하는 비율이 60%로 국내 박사학위자 40%를 압도한다. 국내 박사학위자는 좁은 대학교수 자리 대신 연구소에 상대적으로 많이 진출해 있다고 보면 된다. 국제전문학술지에 논문을 게재하는 편수는 국외 박사학위자가 국내 박사학위자와 비교해 모든 계열에서 높게 나타났다. 다만 공학과 자연계열은 국내 박사와 국외 박사 간의 차이가 빠르게 줄어들고 있다. 국내 학술지는 사정이 조금 다르다. 공학계열은 2000년대 이전부터, 사회계열은 2010년대 이후부터, 인문계열은 2020년대 이후부터 국내 박사의 논문 편수가 더 많아지고 있다.

한때 학계는 물론이고 사회 전반에 걸쳐 국내 박사보다 국외 박사를 높이 평가하는 성향이 강하게 나타났다. 하지만 객관적인 각종 자료에서 국내 박사의 약진이 계속되고 있다. 그러면서 양자 간 편차가 줄어들고 있고, 나아가 학계나 사회 전반의 인식도 달라지고 있다. 국내대학에서 박사 학위과정을 밟아도 국외파와 비교하면 밀릴 게 없다는 인식이 빠르게 확산하고 있다. 이는 국격의 상승, 국내 연구 역량의 상승과 직결된다. 한때 조기유학 바람이 불어 어린 나이부터 국외 학교에 다니는 게 유행했던 적도 있지만, 지금은 그 열풍이 과거와 비교해 많이 가라앉았다. 박사학위 유학도 비슷한 추세다.

교수와 연구원

　40대나 50대 이후 직장인이 시간제로 대학원에 다니며 박사학위를 얻은 경우가 아니라 20대나 30대부터 전일제로 대학원 과정을 밟아 박사가 됐다면, 대학교수나 연구원의 삶을 꿈꾼 경우가 대부분이다. 실제로 40대 이전에 박사가 됐다면 교수나 연구원으로 진출할 가능성이 크다. 반면 40대나 50대 이후 직장이 있는 상태에서 박사학위를 받았다면, 교수나 연구원을 지향하기보다는 자기 성취나 승진, 이직이나 전직 등을 염두에 두었을 확률이 높다. 젊은 나이에 취업을 뒷전으로 한 채 전일제 대학원생의 길을 걸은 이들은 특별한 경우가 아니라면 교수나 연구원의 길을 가게 된다. 교수에 대한 선호도가 높지만, 교수가 되는 건 그리 호락호락하지 않다. 그래서 다수가 연구원의 길을 가게 된다.
　교수가 국공립대학과 사립대학으로 양분되듯 연구원도 공공부문 연구소와 민간 부문 연구소로 길이 갈린다. 국공립대학 교수와 사립대학 교수는 각기 장·단점이 있다. 물론 연구원도 공공부문과 민간부문이 각기 장·단점을 가진다. 굳이 국·공립과 사립, 공공부문과 민간부문을 구분하지 않더라도 일하는 환경은 저마다 다르다. 교수는 신분이 보장되고, 수업과 연구를 자유롭게 진행할 수 있다. 그러나 학교마다 교수의 처우는 천차만별이다. 교수의 개별성과 자율성을 최대한 보장해 주고, 예우해 주는 대학이 있는가 하면, 일반 직원처럼 인식하고 자율성을 침해하는 대학도 있다. 연구소는 대학교수만큼 자율성이 보장되지 않지만, 일반 직원과 비교해 충분히 자율성을 보장해 주고 예우해 준다. 물론 그렇지 않은 연구소도 많다.

학부 과정 대학만 다닌 학사 출신과 대학원을 마친 석사나 박사 출신이 다른 점은 많다. 특히 다른 점 중 하나는 교수에 관한 인식이다. 학부 출신은 대개 교수를 교사나 강사의 관점으로 바라본다. 즉, 얼마나 수업을 명쾌하게 진행하고, 듣는 이의 수준에 맞게 이해시키는가를 평가하려 한다. 그래서 중고교 시절 경험한 강의력이 좋은 교사나 학원강사와 비교해 교수에 실망하는 일이 많다. 교수를 그저 가르치는 직업으로 보기 때문이다. 하지만 대학원 과정을 경험했다면 생각이 180도 바뀐다. 교수는 단순히 가르치는 사람이란 인식에 앞서 연구자란 사실을 깨닫는다. 교수가 수업 시간에 보이는 수업 테크닉보다 그가 가진 연구 역량에 주목하기 때문이다.

대학원 출신은 교수가 어떤 과제로 연구를 수행하는지 알고, 어떤 결과물을 발표했는지 안다. 또한, 그 연구물이 갖는 학술 가치가 어떤 것인지 안다. 해당 교수의 수업 테크닉에 주목하기보다는 그가 쓴 논문을 읽고, 그 학술 가치를 통해 교수를 평가한다. 교수는 입시학원의 강사처럼 현란한 수업 기교를 발휘하지 않는다. 물론 대학교수 중에도 탁월한 수업 능력을 보유한 이들도 있다. 교원 양성을 목적으로 한 사범대학에서 수업 방법에 관해 배운 교사에 비해 대학교수는 그런 과정을 배운 적이 없다. 교수 스스로 수업하는 사람이란 인식보다 연구하는 사람이란 인식이 훨씬 강하다. 학부생은 논문으로 학습하지 않기 때문에 교과서나 참고서에 기반해 수업 테크닉이 좋은 교수가 우수한 교수라고 생각한다. 그게 학부 출신과 대학원 출신의 큰 차이점이다.

 대학 학부 과정만 다녀도 교수 직급이 조교수-부교수-정교수 단계를 거친다는 건 안다. 연구원도 이와 비슷한 직급 체계를 갖는다. 민간 연구소야 스스로 정하기 나름이지만 공공부문 연구소는 체계화된 직급이 있다. 27개 정부출연연구기관을 예시하면 박사후연구원(위촉연구원)-선임연구원-책임연구원-수석연구원-연구소장의 단계로 세분돼 있다. 위촉연구원은 박사학위를 받고 처음 들어가는 비정규직 연구원이다. 선임연구원은 위촉연구원에서 한 단계 승진한 직급으로 여기부터 정규직이다. 위촉연구원에서 선임연구원이 되는 것도 쉽지 않다. 선임연구원에서 한 단계 더 승진하면 한두 가지 프로젝트를 총괄하는 책임연구원이 된다. 중요한 연구를 도맡아 한다. 수석연구원은 이공계 분야 엘리트로 연구원 중 가장 높은 자리다. 흔히 군대의 장성에 비교한다.

　기업체도 연구원이 있다. 공공부문 연구원이 논문을 쓰는 일에 매진하는 것과 달리 기업체 연구원은 기업이 생산하는 제품의 문제를 개선하거나 새로운 제품을 만들어 내는 일에 매진한다. 기업체 연구소는 비용을 들여 이룬 성과물을 굳이 학계 논문에 게재하지는 않는다. 기업체 연구원이 학계에 논문을 발표할 때는 회사의 허락을 얻어야 한다. 기업체 연구원은 석사나 박사학위자만 가능한 건 아니다. 박사가 연구 방향을 잡아 주면 석사나 학사 출신이 반복 실험, 시뮬레이션, 분석 과정을 맡아 진행한다. 중소기업의 연구소는 연구원을 대학원 출신으로 한정하지 않는다. 첨단기술 분야가 아니라면 학사 출신도 충분히 연구를 수행할 수 있기 때문이다.

　이공·자연계열 정부출연연구소는 대전 대덕연구개발특구 내에 집적화돼 있고 기타 지역에도 일부 있다. 이들 연구소는 △고등과학원 △광주과학기술원 △기초과학연구원 △기초과학지원연구소 △대구·경북과학기술원 △생명공학연구소 △한국과학기술연구원 △한국과학기술원 △한국과학기술정보연구원 △한국과학기술정책연구소 △한국과학기술평가원 △한국과학재단 △한국기계연구소 △한국에너지기술연구소 △한국자원연구소 △한국전기연구소 △한국전자통신연구소 △한국천문연구원 △한국표준연구소 △한국항공우주연구소 △

한국해양연구소 △한국화학연구소 등이다.

연구원 수요는 이공계나 자연계가 주류를 이루지만, 인문이나 사회계열 또는 교육계열도 연구 인력이 필요한 곳이 많다. 물론 이공계나 자연계처럼 많은 연구소가 있지 않고, 그런 만큼 진출할 수 있는 길도 한정적이다. 인문·사회·교육계열의 대표적 공공부문 연구소는 △과학기술 정책연구소 △국토연구원 △대외경제정책연구원 △산업연구원 △에너지경제연구원 △정보통신정책연구원 △통일연구원 △한국개발연구원 △한국교육개발원 △한국교육과정평가원 △한국교통연구원 △한국노동연구원 △한국농촌경제연구원 △한국법제연구원 △한국보건사회연구원 △한국여성정책연구원 △한국조세재정연구원 △한국직업능력연구원 △한국청소년정책연구원 △한국해양수산개발원 △한국행정연구원 △한국형사법무정책연구원 △한국환경정책평가연구원 △건축도시공간연구소 △KDI국제정책대학원 △육아정책연구소 등이 있다.

박사가 되면 달라지는 것들

박사는 직위가 아닌 학위다. 직위는 직무에 따라 규정되는 사회적, 행정적 위치를 일컫는 말로 현직을 갖고 있을 때만 가질 수 있는 권한이다. 예를 들어 어느 학교 교장이라는 직위를 갖고 있다면, 교장으로 재임하는 동안에만 교장이다. 임기를 마치면 더 이상 교장이 아니다. 그러나 학위는 일종의 자격이다. 박사는 '홀로 연구하여 세상에 없는 새로운 지식을 창출해 낼 수 있는 능력을 검증받은 사람'이다. 그러니 전직이나 현직이 따로 없다. 죽는 그날까지 박사라는 학위를 유지하게 된다.

조선이 폐망한 지 100년이 한참 지났지만, 한국 사회는 여전히 유교적 전통이 생활 곳곳에 남아있다. 특히 입신(立身)과 양명(揚名)을 최고 효의 덕목으로 여기고, 가문이나 지역사회를 위한 최고의 역할로 보는 시각은 여전하다. 그로 인해 출세하여 이름을 드높이는 데 각별한 가치를 두고 사는 이가 많다. 살아서는 물론이고 죽어서도 일정 지위에 오른 이를 기억하고 추념하는 문화가 있다. 그래서 일정 벼슬 이상을 한 관료에게 이름을 남길 수 있는 길을 사회가 터주었다. 대표적 사례가 영정이 없던 시절, 제사 준비물인 지방문(紙榜文)을 쓸 때 관직이나 직급을 적는 것이다. 또한 묘비를 세울 때 묘비에 관직이나 직급을 기록하는 것도 포함한다. 이런 문화는 현대사회까지도 남아있다.

공무원이 기를 쓰고 사무관 자리까지 오르려는 여러 이유 중 하나다. 공무원 조직의 직급 인플레이션이 시작되면서 사무관이 흔한 직위가 됐고, 특별한 사유가 없으면 공직 입문자가 대부분 오를 수 있는 자리가 됐지만, 불과 한 세대 전만 해도 사무관은 아무나 밟을 수 없는 고지였다. 그래서 사무관 이상 자리에 오르면 지방을 쓸 때 직급이나 관직명을 쓰고, 비문에 작성할 때도 기록한다. 민간부문에서 얻은 직함은 지방이나 묘비에 기록하지 않는다. 이는 유교식 관료주의 문화의 일면이라 할 수 있다. 공직 직급이나 직함이 아니지만, 박사는 지방문이나 비문에 박사임을 기록한다. 학문 분야 최고 경지에 올랐음을 인정해 주는 거다. 비석에 지붕 모양의 갓을 씌우는 것도 허용된다. 지금이야 돈이 많으면 아무나 비석을 크게 만들고 갓을 씌우지만, 과거 유교 사회 때는 허용되지 않던 일이다.

박사가 되면 바뀌는 건 이런 세속적인 이유만 있는 건 아니다. 겉으로 드러나는 달라지는 면 외에 내면적인 변화가 더 크다. 박사학위자가 되면 학자로서 깍듯이 예우해 준다. 대학원 때 지도해 주던 교수를 포함해 학계 관련자 모두가 박사가 된 직후부터 박사 대접을 해준다. 동료나 후배는 더 말할 나위 없다. 박사가 되면 누가 시키지 않더라도 스스로 언행에 삼가고 품격을 지키려 노력한다. 불필요한 언쟁에 휘말리지 않고, 세상을 포용력 있게 수용하려는 마음을 갖게 된다. 단정 짓지 않고, 검증하려는 학문의 자세를 생활 속에서 실천하려 한다.

　박사(博士)를 한자로 쓸 때 '넓을 박'과 '선비 사'를 쓴다. 그래서 박사가 되면 지식이 폭넓어진다고 생각하는 이들이 많지만, 어쩌면 그 반대일 수 있다. 널리 많은 걸 안다기보다 특정 분야의 전문지식을 갖춘 자가 박사이기 때문이다. 국어국문학 전공자를 예시하면 학부 졸업생은 국문학 전반에 관해 기초지식을 습득하는 데 초점을 맞춰 학습한다면, 석사과정은 분야를 소설로 좁혀 공부한다. 박사과정은 더 좁혀 한강이라는 작가를 전문적으로 공부한다. 전국의 수많은 국어국문과 연구자 중에 소설가 한강을 연구한 이는 손으로 꼽을 정도로 한정된다. 소설가 한강을 소재 삼아 박사학위를 받았다면, 그는 한강 관련, 나아가 한국 현대소설 관련 전문가가 된다.

　박사학위를 받았다는 건, 특정 분야의 전문가가 됐음을 의미한다. 세부적으로 연구 분야를 좁혀가다 보면 해당 분야를 연구한 박사학위자는 소수로 압축된다. 그래서 기관이나 기업 등이 그 분야의 전문성 있는 지식이나 견해가 필요할 때 박사학위 전공자를 찾는다. 특정 분야에서 전문성을 인정받는다는 건 호락호락한 일이 아니다. 관련 분야 지식과 정보가 풍부하고, 경험도 풍부해야 한다. 이러한 전문성은 연차와 관록을 더하면 그만큼 신뢰가 쌓인다. 전문가가 되었다고 멈춰있으면 안 된다. 끊임없이 관련 분야 연구를 지속하고, 다른 여러 전문가와 교류도 이어가야 한다. 현대사회의 지식은 끊임없이 진화한다. 그러니 전문가라 해도 계속 진화하는 학문을 따라잡아야 한다. 뒷짐 지고 있는 사이 서서히 전문가 지위를 잃게 된다.

박사학위를 준비하면서 이미 박사가 된 이들을 보면 몹시 부럽고, 한편 존경스럽다. 자기가 박사가 되면 하루아침에 천지가 개벽할 것 같은 착각에 빠지기도 한다. 그러나 막상 박사가 됐다고 해서 하루아침에 달라지는 건 없다. 주위에서 "O박사" "O박사님"이라고 불러주는 것 외에 딱히 생활에 변화는 없다. 그러나 박사학위는 언제 찾아올지 모를 새로운 기회를 차지할 가능성을 한껏 높여준다. 전문가인 박사가 됐다는 건 해당 분야 연구를 이어갈 준비가 됐다는 걸 의미한다. 그래서 뜻밖의 기회를 맞을 확률이 그만큼 높아진다. 프로젝트를 수주한 이들이 공동연구자로 참여해달라고 요청해 올 수도 있고, 심사위원이나 자문위원 등의 참여 의뢰를 받기도 한다. 경험이 쌓일수록 기회는 더 많아진다.

박사가 되기까지 선행연구라는 이름으로 내가 관심 두는 주제와 연관된 수많은 논문을 읽게 된다. 논문은 교과서나 참고서, 또는 교양 도서 등과 형식이나 내용 면에서 상당한 차이를 보인다. 근거 없는 주장은 단 한 줄도 쓰지 못하기 때문이다. 집필자 개인의 주관적 생각이 삽입되는 순간 논문이 아니다. 누구나 수긍할 수 있는 객관적 연구 방법으로 밝혀낸 새로운 사실을 기록한 게 논문이다. 박사가 됐다는 건 어떤 문제를 찾고, 합당한 절차에 의해 연구하여 세상에 존재하지 않던 새로운 이론을 정립할 줄 안다는 걸 의미한다.

박사가 되면 섣불리 말하지 않는다. 박사가 되는 과정에서 검증된 것만 말하려는 습관이 생기기 때문이다. 소위 대가로 일컬어지는 분야의 고수가 쓴 논문을 읽으며 자신이 얼마나 학문적으로 초라한 존재인지 깨닫는다. 고수도 박사고 나도 박사지만, 결코 같은 박사가 아님을 인정하게 된다. 그래서 겸손해지고 숙연해진다. 연구에 참여하고, 논문을 써 본 사람이라면 누군가의 연구 업적이 얼마나 크고 대단한 건지 알 수 있다. 내 연구와 논문의 빈약함도 잘 안다. 그러니 겸손해질 수밖에 없다. 남들은 박사라고 추켜세울지 몰라도 스스로는 겸손해지는 게 박사다.

박사학위를 받았다면 대학교수나 연구원이 될 기본 요건을 갖춘 거다. 그러나 그 자리는 지극히 제한적이고, 세상엔 옥상에 집을 짓는 고수가 넘쳐난다. 뛰어난 연구 업적과 막강한 연구 역량을 갖춘 박사가 즐비하다. 그렇다고 기죽을 필요는 없다. 실력 있는 사람이 운 좋은 사람을 감당하지 못할 때가 세상엔 많다. 정말로 운이 좋아 세부 모집 분야가 정확히 일치하거나, 자신이 경험한 현장 경력을 원하는 경우라면 고수보다 유리한 고지에서 교수나 연구원 초빙에 응할 수 있다. 박사학위를 가지고 있다는 것만으로도 좋은 기회와 조우할 수 있는 자격을 갖췄음을 의미하기 때문이다.

학자의 삶, 품위와 품격

　박사가 됐다는 건 학문 분야에서 최고의 경지에 올랐음을 인정받은 거다. 학자, 즉 학문하는 사람이 됐음을 의미한다. 학문한다는 건 세상에 없는 새로운 사실을 객관적 연구 방법을 통해 밝혀내 이론으로 정립할 수 있는 능력과 자격이 생겼음을 의미한다. 실상 박사학위자가 많아지면서 이전과 같은 희소성은 없다지만, 박사가 된다는 건 여전히 어렵고 그런 만큼 권위를 인정받는다. 누군가 박사학위자라고 소개하면 함부로 대하지 않는다. 말과 행동을 삼가고 조심하며 예우해 준다. 학문하는 사람을 존중해 주고, 예의를 다해 대해주는 건 우리 문화의 오랜 전통이다. 박사가 되면 그 문화가 여전히 존재하고 있음을 실감하게 된다.
　그럼, 박사가 됐다고 예우를 받기만 할까. 박사가 된 당사자는 누구에게나 아무렇게나 예의 없이 행동하는데 상대는 박사라는 이유만으로 그를 존중해 줄까. 천만의 말씀이다. 오히려 박사가 된 사람은 더 낮은 자세, 더 겸손한 자세로 세상과 만나야 한다. 남이 존중해 주는 만큼, 아니 그 이상으로 타인을 존중하고 배려해 주어야 한다. 그래야 박사에 걸맞은 권위와 품위를 인정받을 수 있다. 분명 박사학위자인데 쌍욕을 포함해 거친 언사를 하고, 쌍방 간 혹은 다자 간 대화에서 일방적으로 혼자 이야기하고, 목소리를 높여 품위 없이 말한다면 그는 박사로 인정받기 어렵다. 일방적 주장을 일삼거나, 상대를 무시하는 태도를 보인다면, 그 또한 학자로 인정받지 못한다.

  박사라면, 학자의 자격을 얻었다면, 거기에 걸맞은 언행을 해야 한다. 천천히 또박또박 말하고, 상대의 말을 경청해 주는 자세도 가져야 한다. 상대가 도저히 이해할 수 없는 궤변을 늘어놓거나 억지 주장을 한다 해도, 일일이 맞대응 할 필요는 없다. 그냥 웃어넘기면 된다. '저런 생각을 하는 사람도 있구나' 정도로 넘기면 된다. 굳이 언성을 높여 진위를 가리려 하고, 기어이 상대를 굴복시키겠다는 집착을 보인다면 품위 없어 보인다. 논리적인지 않은 대화에 끼어들어 맞대응 해봐야 얻을 긴 없다. 품위를 지키는 편이 훨씬 낫다.

  박사학위를 얻은 후 일부러 달라지려고 노력할 건 없다. 그러나 자연스럽게 달라지고 있는 나를 발견할 때가 있다. 나의 경우 자연스럽게 존대어가 일상이 됐다. 갓 입사한 아주 젊은 직원부터 임원까지 모든 직장 동료에게 존대어를 사용한다. 직장 동료뿐 아니라 외부 활동을 하며 만나는 모든 이에게 자연스럽게 존대어를 사용한다. 학위를 갖기 전이라고 아무에게나 함부로 대하는 건 아니었지만, 그래도 학위 취득 후 한결 삼가고 조심스러워하는 나를 발견한다.

 말하거나 글을 쓸 때, 다시 한번 확인하고 점검한다. 품위 없지 않을지, 억지스럽지 않을지 자기검열 한다. 행동할 때도 마찬가지다. 어떤 경우라도 품위와 품격에 손상을 입어서 안 된다고 스스로 조심하기 때문이다. 언행과 글만 조심하는 게 아니다. 매사 살피고 결정을 신중하게 한다. 어떤 모임에 가입할 때도 불필요한 오해를 받을 만한 집단이면 발을 담그지 말아야 한다. 어떤 모임에 가서 논쟁이 붙어도 핏대를 높여가며 자기주장을 앞세울 필요가 없다.

 혼자 머릿속에서 어떤 결론을 내렸다고 해도 그걸 굳이 밖으로 표출할 필요가 없다. '당신도 옳고, 당신도 옳다'는 엷은 미소만 지으면 된다. 불필요한 논쟁에 끼어들어 얻을 이익은 없다. 어차피 그런 논쟁은 결론이 나지도 않고, 어느 한쪽이 상대의 의견에 수긍하지도 않는다. 평행선 대화가 이어질 뿐이다. 그런 대화에 학자임을 인정받은 사람이 끼어들어 에너지를 소모할 이유가 없다. 품위만 손상될 뿐이다. 학문하는 자는 검증된 사실만 말하고 글로 쓴다. 검증되지 않은 사견을 중구난방 늘어놓는 대화에 끼어 시비를 가릴 필요가 없다.

 학문이란 그저 혼자 책을 읽고, 남들이 밝혀낸 사실을 많이 알기 위해 많이 암기하는 일을 지칭하지 않는다. 학문은 객관적이고 타당한 방법으로 진리를 밝혀내는 행위다. 학자란 그런 일을 하는 사람이다. 지식이 아무리 많은 이들도 남이 밝혀낸 걸 활용만 한다면 학자라 하지 않는다. 예를 들어 인터넷 유튜브 등에서 접하는 스타강사란 이들의 강의를 들어보면 풍부한 지식을 갖췄고, 상대가 이해하기 쉽게 설명까지 잘하는 걸 확인한다. 그러나 그들은 학자의 범위에 속하지 않는다.

  교사와 교수의 차이도 거기서 비롯된다. 이미 남이 밝혀낸 사실을 많이 암기하고 풀어내는 건 학자가 아니다. 그러니 학자란 참으로 얻기 어려운 직함이다. 일반적으로 박사가 되면 학자가 되었다고 인정한다. 학계 일원이 되는 거다. 연구 역량을 갖췄기 때문이다. 이렇듯 학자란 되는 과정도 어렵고, 그만큼 희소성도 있다. 그러니 거기에 걸맞은 품위와 품격을 갖추는 건 선택이 아니라 필수다. 품위와 권위는 스스로 찾아야 한다. 그러기 위해서는 늘 삼가고, 조심해 말하고 행동해야 한다. 물론 글을 쓸 때도 마찬가지다.

학위가 보장해 주는 건
아무것도 없다

　사전은 '학위'를 '특정 분야의 학문을 전문적으로 익히고 공부해 일정 수준에 오른 사람에게 주는 자격'이라고 정의하고 있다. 자격이라고 정의하고 있으나 학위를 받은 사람에게는 자격증이란 이름 대신 '학위증' 또는 '학위증서' '학위기'를 발급한다. 학위를 받기 전에는 학위를 받고 난 후 금세라도 생활에 변화가 찾아올 거란 환상을 갖게 된다. 그러나 막상 학위를 받아도 당장 생활에 바뀌는 건 없다. 특히 박사과정을 준비하다 보면 그 과정이 힘겹고 어려운 만큼 서둘러 학위를 받고 싶은 마음이 간절해지고, 받고 나면 세상이 달라질 것 같은 기대감을 품기도 한다. 그러나 학위를 받고 박사가 되었다고 해도 당장 달라지는 건 없다.

　그렇다고 학위가 아무 소용 없는 존재란 이야기는 아니다. 아무 쓸모 없는 거라면 왜 그리 많은 이들이 학위를 얻으려고, 시간과 비용을 들이며 고생해 그걸 얻으려 하겠는가. 분명 학위가 주는 유·무형의 이득이 있으니 그걸 준비할 거다. 박사학위는 사생활을 포기해 가며 수년 동안 학업에 매달려야 얻을 수 있다. 국내 박사인가 국외 박사인가에 따라 다르고, 국립대 박사인가, 사립대 박사인가에 따라 다르고, 인문계열 박사인가 자연계열 박사인가에 따라 다르지만, 박사 학위과정을 준비하는 동안 적지 않은 비용이 든다. 직접 드는 비용만이 아니라 다른 일을 하면서 수입을 얻을 기회를 잃은 걸 금액으로 환산하면 막대하다.

시간, 비용, 노력을 들여 박사학위를 얻으려 하는 건 그만큼의 기대치가 있기 때문이다. 박사학위는 학문 분야 최고의 경지에 오른 것을 인정하는 동시에 스스로 연구해 성과물을 내도 인정하겠다는 자격을 부여하는 것이다. 그러므로 학자로서 학계 일원이 된 걸 인정하는 거다. 그러니 우선 박사가 되었다고 끝나는 게 아니라 꾸준히 자기의 전공 분야 연구 활동을 이어가야 한다. 계속 새로운 연구를 진행하고, 그 결과를 저널에 발표해 학자로서 주어진 길을 가야 한다. 그런 과정이 축적되면 연구 업적이 쌓이고 견고해진다.

그렇게 되면 할 수 있는 일이 많아지고, 그 능력을 요구하는 곳으로부터 부름을 받게 된다. 그게 학교일 수도 있고, 연구소일 수도 있다. 박사학위를 받은 거로 끝나는 게 아니라 꾸준히 새로운 연구에 참여하고 성과를 내야 한다. 그래야 기회가 생긴다. 학위 취득 자체만으로 어떤 기회가 찾아오길 바라는 건 무리한 기대다. 적어도 박사학위에 걸맞은 기회를 잡고자 한다면 꾸준히 연구 활동을 이어가야 한다.

살다 보면 억지로 안 되는 일도 있지만, 자기도 모르게 술술 풀리는 일도 있다. 노력하고 고생한 만큼의 보상을 받지 못하는 일도 많지만, 크게 공들이지 않았는데도 풀리는 일이 있다. 기회도 비슷하다. 기회를 잡기 위해 부단히 노력해도 찾아오지 않는 기회가 있는가 하면, 기대하지도 않던 일이 찾아와 행운을 안기기도 한다. 그런데 여기서 주목할 점이 있다. 너무도 좋은 기회가 찾아왔을 때, 그걸 차지하려면, 거기에 걸맞은 준비가 돼 있어야 한다는 점이다.

학위가 바로 대표적 사례이다. 너무도 좋은 기회가 찾아왔을 때, 학위를 가졌기 때문에 그걸 움켜쥘 수 있던 사례, 반대로 좋은 기회가 찾아왔지만, 학위가 없어서 눈앞에서 놓친 사례를 여러 차례 목격한다. 학위는 아무것도 보장해 주지 않는다. 그러나 우연히 내게 찾아온 기회를 내 손에 움켜쥘 수 있게도 한다. 세상은 준비된 자의 것이란 말이 있다. 학위자가 학위에 대해 가져야 할 마음은 바로 이 한마디가 가장 잘 표현했다. 학위가 없는 자와 학위를 가진 자의 차이는 분명 존재한다. 그래서 똑같은 기회가 두 사람에게 찾아왔을 때, 학위를 가진 자가 더 유리한 조건에서 찾아온 기회를 움켜쥘 확률이 그만큼 높다.

준비된 자는 더 유리한 조건으로 자기에게 찾아온 기회를 맞을 수 있다. 과거 세상이 혼탁하던 시절에는 위인설관[1](爲人

---

1. 어떤 사람을 채용하려고 일부러 벼슬자리를 마련함.

設官)이란 말이 통용되기도 했다. 그러나 모든 게 투명해진 현대사회는 통하지 않는 말이다. 박사다운 품위를 유지하고, 연구 활동을 이어가며 차분히 준비할수록 좋은 기회가 찾아올 확률은 높아진다. 성급하면 화를 자초할 뿐이다. 세상에 박사학위자가 넘쳐나는 거 같아도 실상 주위를 살펴보면 그리 많지 않다. 아주 가끔 전혀 박사다운 학식이나 품위를 갖추지 못한 사람이 있어 박사학위의 권위를 실추시키기도 하지만, 박사학위자에 대한 사회적 기대는 여전하다.

그 기대란 학문 분야의 실력만을 얘기하는 건 아니다. 주변인은 학문 분야 최고의 경지에 오른 사람답게 말과 행동의 품위를 갖췄는가도 늘 살펴본다. 어쩌면 학문적 실력보다 더 중요한 건 지식인다운 언행과 아우라[2]다. 박사학위를 얻었다고 해서 금세 모셔가는 곳도 없고, 금세 이전과 전혀 다른 대우를 해주지도 않는다. 다만, 박사학위자가 박사학위자다운 실력과 품위를 유지하고 있는지, 주위는 살펴보고 있다. 아무도 안 보는 섯 같지만, 실상 모두 지켜보고 있다. 박사학위자답게 꾸준히 연구하고 품위를 지켜간다면 좋은 기회를 맞을 확률이 그만큼 높아진다. 학위가 있고 없고의 차이는 기회가 찾아왔을 때 극명하게 갈린다.

---

2. 예술작품에서 느껴지는 고상하고 독특한 분위기. 또는 독특한 품위나 품격.

작은 기회부터 찾아온다

앞서 밝혔듯이 박사가 되었다고 해서 하루아침에 내 생활이 바뀌지 않는다. 나를 오라고 팔 벌려 환영하는 곳도 없다. 그러나 예기치 못한 작은 기회가 하나둘 생기고, 그걸 경험해 보면 학위의 힘을 스스로 느끼게 된다. 예를 들면 단체나 기관에서 토론회나 설명회 등을 진행하며 토론자로 초청받는 일이 생긴다. 토론회의 주제 발표는 대개 관록 있는 현직 교수 등 전문가가 맡고, 여기에 서너 명의 토론자가 함께한다. 토론자는 당일 토론회의 주제에 걸맞은 자기 의견을 제시하거나 주제 발표자에게 질문을 던지는 등의 역할을 준다.

박사학위자라면 자기가 전공한 분야의 토론회에 참석해 몇 분간 발언하는 게 그리 어렵지 않다. 대학원 다니며 많이 발표하고, 토론하는 수업을 진행해 본 경험이 있기 때문이다. 토론자로 역량을 발휘해 실력을 인정받게 되면 다른 토론회에 또 참석할 기회가 마련된다. 나아가 토론회의 좌장으로 초청받기도 하고, 규모가 큰 토론회가 아니라면 주제발표자로 나설 수도 있다. 기회가 주어졌을 때 전문가다운 면모를 보이고, 식견을 발휘하면 여러 학술대회나 토론회, 주민설명회 등에 패널로 참석할 기회가 생긴다.

어렵게 초청받은 자리에서 전문가다운 식견을 보이지 못하거나, 자신감 없는 토론 모습을 보인다면 이후 설 자리를 잃을 수도 있다. 너무 무례하거나 거친 발언으로 분위기를 흐려도 새로운 기회를 맞기 어려울 수 있다. 중요한 건 한 번 찾아온 기회를 절대 소홀히 하지 않고, 성심껏 준비해야 한다는 점이다. 토론회 참가는 다른 큰 기회를 만드는 불씨 역할을 한다는 걸 염두에 두고 준비해야 한다. 다음에 참여할 기회를 놓치면 이후 발생할 수 있는 더 큰 기회를 연이어 놓치게 된다.

토론회 외에도 박사학위자가 참가할 수 있는 자리는 의외로 많다. 어느 기관이나 단체, 혹은 기업의 면접관으로 참석해달라는 의뢰를 받을 수도 있다. 면접관은 대개 4~5명이 맡는 게 일반적이다. 면접 시작 전 주최 측이 면접에서 살펴봐야 할 점과 배짐 기준 등을 설명해 주기 때문에 그리 어려울 건 없다. 주최 측이 요구하는 대로 기준에 맞게 공정하게 채점해 주면 된다. 복수의 면접관 중에는 면접을 전문으로 하는 전직 인사담당자 등이 포함돼 그들의 도움을 받아 협의해 가면서 진행하면 어렵지 않다. 경험이 쌓일수록 더 능숙하게 질문하고, 살피며 면접관 역할을 할 수 있게 되는 건 당연하다.

면접관 외에도 각종 대회의 심사위원이나 평가위원 등으로 초청받을 수도 있다. 박사학위자라는 타이틀은 꼭 전공 분야가 아니더라도 모든 분야에서 권위를 인정받는다. 라디오 방송이나 인터넷 방송 등에서 출연 섭외가 올 수도 있다. 물론 공중파 방송에서 올 수도 있다. 철저하게 준비해서 당당하게 출연하면 된다. 이 밖에 신문이나 잡지 등에서 기고를 의뢰받기도 하고, 각종 모임에서 강연을 요청받을 수도 있다. 이런 의뢰가 언제 어디서든 올 수 있다는 생각을 갖고 늘 준비해야 한다.

준비의 첫째는 마음가짐이다. 둘째는 자료의 확보다. 셋째는 연습과 훈련이다. 세상 어느 분야든 경험이 많을수록 잘하게 된다. 지레 겁을 먹고 포기하면 이후에 기회는 점차 줄어들게 된다. 대학의 정기 강좌를 맡을 수도 있다. 박사학위자라면 언제 어디서든 대학의 강의 요청을 받을 수 있다. 그러니 항시 마음의 준비, 자료의 준비가 돼 있어야 한다. 처음에 작은 경험을 하고, 자신감을 쌓아가다 보면 더 큰 기회가 더 자주 찾아온다. 토론회에 참석하고, 방송 출연이나 기고문 작성 등을 의뢰받고, 강연 요청을 받으면, 자기가 박사학위자란 사실을 실감하게 된다. 성경 문구처럼 시작은 미약하더라도 끝은 창대할 수 있음을 새겨야 한다.

강의, 강연은 처음 해보는 이에게 쉽지 않은 일이다. 여러 사람 앞에서 1시간 또는 2시간을 계속 말하는 게 얼마나 어려운지는 해본 사람만 안다. 더구나 박사학위자라면 학문적인 내용의 강의를 요청받았을 테니 더 어려운 노릇이다. 강의를 진행하려면 많은 준비가 필요하다. 강의는 자연스럽고 재미있게 진행해야 한다. 그래야 수강생이 집중하고 협조한다. 불편하고 재미가 없으면 무관심을 드러내고 무표정으로 답한다. 심지어는 의도적으로 자거나 강의장 밖으로 나가버리는 일도 발생한다. 그러니 흥미 있게 진행해야 한다. 말에 고저장단을 섞어 이야기 형태로 끌고 가야 시선을 집중시킬 수 있다.

초보자에게 1시간의 강의는 숨이 턱턱 막히는 고통스러운 시간이다. 1시간도 이렇듯 어려운데 한 학기 강의를 맡았다면 그 어려움은 더 커질 수밖에 없다. 그러나 박사학위자라면 연구하고, 토론하고, 강의하고, 글 쓰는 일이 생활화돼야 한다. 그 모든 게 학자의 길이기 때문이다. 학습량이 많은 사람의 특징은 문자로 기록하고 소통하는 데 익숙하다는 점이다. 박사학위자가 연구를 싫어하고, 강연을 싫어하고, 글쓰기를 싫어한다면 문제는 커진다. "그럴 거면 뭐 하러 그 고생을 해가며 학위를 땄느냐?"고 반문하고 싶다.

모든 교수는 박사인가

　국내·외 대학교수의 대부분은 박사학위자다. 대부분이란 말로는 부족하다. 100% 가까이라고 표현하는 게 차라리 맞을듯하다. 100%라고 단정하지 못한다는 건, 박사가 아닌 대학교수도 있다는 걸 의미한다. 한 세대 전 대략 90년대 후반이나 2000년대 초반만 해도 대학엔 박사학위가 없는 교수가 있었다. 많지는 않지만 그래도 어렵지 않게 눈에 띌 만큼 있었다. 그 시절 가끔이라도 눈에 띄는 석사학위자 대학교수는 나이가 지긋했다. 젊은 교수 가운데 석사학위자는 거의 찾아볼 수 없었다. 당시 나이가 지긋한 교수 중 석사학위자가 있었다는 건, 그들이 교수 임용될 무렵만 해도 박사학위자가 그만큼 귀했다는 방증이다.

　박사학위자는 귀하고, 대학교수는 필요하니 석사학위자를 임용한 거다. 물론 세부 전공이 일치하는 등의 행운도 뒤따랐을 것이다. 지금도 박사학위 없이 석사학위만으로 대학교수 자리에 있는 사례가 있다고 들었다. 그러나 눈을 씻고 찾아봐야 할 만큼 극소수에 머문다. 석사학위만으로 교수 자리를 꿰

찬 건 두 가지 사례 중 하나라고 추측된다. 우선은 박사학위는 없지만, 현장 실무 경험이 월등하고, 전문지식이 뛰어나 박사학위자에 뒤지지 않을 학문적 실력을 갖췄다고 인정받은 경우다. 그러나 최근 박사학위자가 연간 1만 명 이상 배출되면서 이들 가운데도 실무 경험이 풍부하고 전문지식을 갖춘 이들이 즐비하니 석사학위만 가지고 대학교수가 되는 일은 제로에 가까운 확률이 되고 있다. 박사학위자가 소수에 머물던 시대와 넘쳐나는 시대의 차이는 분명 존재한다.

가끔 뉴스를 보면 사립학교법인이 이사장의 친·인척을 교사나 교수, 교직원 등으로 부정 채용해 사회적 논란이 되는 일이 보도된다. 이런 사례는 초중고뿐 아니라 대학에서도 드러난다. 사학 채용 비리라면 초중고가 단연 많았지만, 요즘은 오히려 대학이 더 많아 보인다. 초중고의 경우, 시·도교육청이 공립 교원 채용처럼 사학 채용의 임용시험을 대행하는 게 보편적이다. 그러니 학교법인의 입김으로 특정인을 채용하는 건 사실상 불가능해졌다. 그러나 대학은 사정이 조금 다르다. 여전히 채용의 권한을 학교법인이 움켜쥐고 있어 언제라도 채용 비리가 터질 수 있는 상황이다. 사립대학도 대놓고 부정을 저지르는 형태는 사라졌다 할 수 있지만, 여전히 사립대학법인 이사장 가운데는 대학이 사유재산인양 착각하는 구시대적 사고를 하는 이들이 적지 않다. 그런 구시대적 사고의 소유자가 존재한다는 건 언제라도 대학의 채용 비리가 발생할 수 있다는 가능성이 존재함을 의미한다.

　석사학위자라고 해서 대학교수가 될 수 없다는 규정은 없다. 역으로 반드시 박사학위자라야 대학교수가 될 수 있다는 규정도 없다. 그 규정은 대학마다 다를 수 있다. 다만, 국내·외 박사학위자가 넘쳐나는 세상에 특별한 경우가 아니라면, 굳이 석사학위자를 교수로 채용하는 건 의심의 눈초리를 피하기 어렵다. 석사는 연구의 세상, 학문의 세계로 접어들었음을 스스로 다지는 과정이고, 대외적으로 공표하는 단계라 할 수 있다. 반면 박사는 본격적으로 연구자로 살아가겠다는 다짐이고, 대외적으로 혼자 관심 분야의 연구를 독자적으로 진행할 수 있음을 인정받는다.

　석사와 박사의 이런 차이를 놓고 볼 때 박사학위자가 대학교수직을 수행하는 게 합당해 보인다. 대학교수는 학부생을 대상으로 수업만 하는 게 아니라, 대학원생을 지도하며 논문을 쓸 수 있는 능력을 배양해 주어야 하기 때문이다. 아울러 대학교수는 연구자 신분이어서 학계에 지속해서 자기 전공 분야의 새로운 연구 성과를 발표해야 한다. 이런 면을 고려할 때 스스로 연구할 역량을 갖춘 박사학위자가 대학교수직을 맡는 게 합당하다 할 수 있다. 박사학위가 없는 자에게 돌아갈 대학교수 자리는 자취를 감춰가고 있는 게 현실이다.

제3장

지도교수의 존재

대학원생에게 지도교수란

대학 학부 과정만 경험한 이들은 지도교수란 개념에 익숙지 않다. 그저 학과 교수가 있을 뿐이고, 학기 중 수업 시간을 통해 만날 뿐이다. 학과 단위 각종 행사에 참석하면 만날 수 있다. 그 외 교수와 만날 기회가 그리 많지 않다. 초중고의 담임교사처럼 매일 만나는 것도 아니고, 나의 학교생활 전반을 관리하지도 않는다. 대학 학부 과정은 학생 개개인을 중점 지도하는 교수가 배정되지 않는다. 그렇다고 초중고 담임교사처럼 학번이나 학년별로 담당 교수를 배정하지도 않는다. 그저 학과 교수이고, 수업 때 만나는 교수일 뿐이다. 개인 자격으로 친한 관계를 유지하는 교수가 있을지언정 제도적으로 관계가 얽혀있지 않다. 학과마다 지도교수를 정하는 사례도 있지만, 자신의 지도교수가 누군지도 모르는 학생이 허다할 정도로 관계가 미약하다.

그러나 대학원은 다르다. 원생 개인마다 지도교수가 존재한다. 그래서 '누구의 제자'란 말을 공공연히 사용한다. 누구의 제자라는 말은 지도교수가 누구인가와 같다. 대학원에서 지도교수란 원생의 연구를 이끌어 주는 멘토다. 원생의 학문적 성장을 책임질 등대 같은 존재다. 누구를 지도교수로 선택했느냐에 따라 학자로 성장해 나갈 수도 있고, 깜깜한 어둠을 헤맬 수도 있다. 더 극단적으로 말하면 지도교수를 잘 만나 제대로 지도를 받아야 제때 학위논문을 쓰고, 제때 졸업할 수 있다. 지도교수는 원생이 학위를 받고 제대로 졸업할 수 있을지를 결정하는 절대 권력자이기도 하다. 대학원에서 지도교수의 중요성은 굳이 설명할 필요도 없다.

인터넷 포털에서 '지도교수'란 검색어를 찾아보면 관련해 무수한 글이 쏟아진다. 객관적인 글도 많지만, 대학원 재학 중 지도교수와 겪은 일화가 많이 소개돼 있다. 지도교수에 대한 존경과 애정을 적은 글도 많지만, 원망하고 실망스러워하는 글도 많다. 심지어는 횡포를 비난하는 글도 많다. 지도교수의 횡포로 고통받는 사례도 적지 않게 발견한다. 유형은 많지만, 원생이 자신을 노예에게 비유하며 수모를 당한 사례도 올라 있다. 세상에 대학원은 많고, 그만큼 많은 지도교수와 대학원생이 존재한다. 그러나 분명한 건 지노교수와 관계를 불편하게 끌고 갈수록 대학원 생활은 고달파진다는 점이다.

대학원생에게 지도교수의 권한은 절대적이다. 불편한 관계를 유지할수록 손해만 커진다. 가능한 원만한 관계를 유지하려 노력해야 한다. 조건 없이 조아리고 굽신거리라고 주문하는 건 아니다. 지도교수에 대한 불편한 마음이 깊어질수록 졸업은 늦어지고, 학문적 성과는 미흡해진다. 지도교수와 지도받는 원생의 관계에서 지도교수가 아쉬울 건 하나도 없다. 철저한 갑을관계다. 졸업이 가까워지면 자신과 지도교수의 학문적 격차는 참으로 크다는 사실을 깨닫는다. 학계에서 학문 역량은 무엇과도 비교할 수 없는 가치이다. 자신과 비교할 수 없는 수준의 학문 세계에 노닐고 있는 이들을 보면 절로 고개를 숙이게 된다. 그런 나를 발견하면 지도교수를 비롯해 교수들 앞에서 숙연해진다.

  논문을 빨리 쓰고 빨리 졸업하고 싶은 마음을 앞세우다 보면 자기 마음을 헤아려 주지 못하고 느긋함을 보이는 지도교수를 향한 원망스러운 마음이 싹틀 수 있다. 이를 경계해야 한다. 지도교수와 불편한 관계, 소원한 관계, 신뢰가 없는 상태를 유지할수록 원생은 큰 손해를 감내해야 한다. 한 명 원생의 졸업 여부, 학계 구성원으로 자리매김 여부에 있어서 지도교수의 권한은 절대적이다. 예컨대 원생이 개인적으로 재학 중인 학교의 총장과 각별한 사이라고 가정하자. 총장의 힘을 빌려 지도교수에 압박을 가해 느슨하게, 빨리 졸업하고자 마음먹었다면 오산이다. 수직 문화가 아닌 수평 문화인 대학에서 안 통하는 일이다.

  원생과 관련한 모든 권한은 지도교수에게 일임돼 있다. 대학본부나 학교법인의 고위직과 각별한 친분이 있다고 그 힘을 빌려 지도교수를 건너뛰려 생각했다면 생각을 속히 바꿔야 한다. 물론 일부 대학에서 그런 관계가 먹혀 사회적 파장을 일으키기도 한다. 하지만 극소수에 불과할 뿐이다. 제대로 된 학교라면 그런 일은 없다. 대학원에 다니고 석사, 박사학위를 가지려 한다는 건 학계 일원이 되고자 하는 거다. 특히 박사학위는 '내가 향후 연구 분야에 몰입하며 학계 일원으로 살아가겠다'라는 강력한 의지의 표현이다. 현업을 갖고 있는 박사학위자도 마찬가지다. 박사학위자로서 전공 분야에 평생 관심을 두고, 언제라도 연구에 뛰어들 준비가 돼 있어야 한다.

학계에 입문하고자 하는 원생은 지도교수를 지렛대 또는 도움닫기 발판 삼아야 한다. 혼자의 힘으로 그 세계에 뛰어들겠다는 생각은 맹랑하고 허황하다. 지도교수가 아닌 그 누군가의 힘을 얻어 그 길을 가고자 생각하고 있다면 오산이다. 학계에서 용납되지 않는 일이다. 그러니 지도교수는 단지 원생 신분일 때 사제관계를 유지하다 이후에 각기의 길을 가는 그런 단순한 관계가 아니다. 평생 연구와 학문의 스승이자, 학계에서 부모 같은 존재다. 부모와 절연할 수 없듯 지도교수와 지도받은 원생의 관계도 그러하다.

지도교수의 선택

앞서 밝힌 대로 대학원 생활에 있어 지도교수의 존재는 절대적이다. 그런 만큼 지도교수를 누구로 하느냐에 따라 대학원 생활의 성패가 좌우된다고 할 수 있다. 지도교수를 누구로 선택하느냐는 그 중요성을 아무리 강조해도 지나침이 없다. 지도교수는 네 부류로 나눌 수 있다. 학문적 수준이 높고 고매한 인품을 겸비한 사례, 학문 수준은 높으나 인품이 부족한 사례, 학문은 보잘것없지만 인품이 훌륭한 사례, 학문도 부족하고 인품도 부족한 사례가 그것이다. 어떤 부류의 지도교수를 만나는가에 따라 대학원 생활은 큰 변수를 맞는다.

그러니 지도교수를 선택할 때 신중에 신중을 기해야 한다. 섣불리 선택하면 고생은 고생대로 하고, 성과를 얻지 못하는 최악의 상황을 맞을 수도 있다. 최악은 피해야 한다. 충분한 사전 정보가 필요한 이유다. 대학원을 선택하는 이유나 방법은 가지가지다. 자기가 학부를 졸업한 학교의 같은 전공을 선택하는 예가 있고, 졸업한 학교지만 전공 분야를 달리해 진학하는 예도 있다. 그렇지 않다면 전혀 다른 학교로 진학할 수도 있다. 이때도 학부 전공과 같은 전공을 하는 예와 학부와 전혀 다른 분야로 전공을 선택하는 예가 있다. 심지어는 학부, 석사, 박사를 모두 다른 학교에 다니는 예도 있다.

자기가 학부를 졸업한 학교 학과에서 석사과정과 박사과정을 한다면 지도교수 선택은 한결 수월하다. 사전에 학과 교수 개개인의 성향을 충분히 파악할 시간을 가졌기 때문이다. 그러나 이 경우에도 세부 전공을 어떻게 선택하는가에 따라 지도교수는 달라질 수 있다. 국문과 학부를 졸업하고 고전문학 분야를 좀 더 심층적으로 공부하고 싶어 그 학교 대학원에 진학했는데, 지도교수로 선택하고 싶은 교수가 현대문학 전공이라면 곤란하다. 현대문학을 전공한 교수에게 고전문학 석사, 박사 지도를 해달라면 그건 성립되기 어렵다. 그 학교에 엄연히 고전문학을 전공한 교수가 있을 테니 말이다. 그러니 지도교수를 선택할 때 가장 우선해야 할 부분은 내가 공부하고 싶은 세부 분야를 전공한 교수가 누구인지 파악하는 거다.

학부는 큰 줄기로 나누지만, 대학원은 전공이 세부적으로 갈린다. 같은 학과 교수라도 세부 전공은 긱기 다르다. 자기 전공과 다른 분야를 지도하는 건 어렵다. 규모가 작은 학과도 있지만, 학생이 수백 명이고, 교수도 수십 명인 큰 학과도 얼마든지 있다. 규모가 큰 학과의 경우 교수의 세부 전공은 각기 다르다. 규모가 작고 교수가 두어 명 또는 너덧 명인 경우도 전공은 분명히 나눈다. 그러니 소규모 학과의 지도교수 선택지는 제한적이다. 반면 규모가 크고 교수가 수십 명인 학과도 있다. 이 경우 각 교수의 전공은 세세하게 나뉜다. 그러니 구체적으로 공부하고 싶은 분야를 정하면 그 분야 세부 전공 교수가 누구인지 확인한다.

대개 세부 전공이 일치하는 교수는 학과마다 한두 명에 불과하다. 그러니 실상 지도교수를 선택하는 건 세부 전공을 선택하는 것으로 끝나는 경우가 대부분이다. 규모가 크고 소속 교수가 많은 학과는 세부 전공이 같은 교수가 존재할 수 있으나, 대개는 세부 전공으로 들어가면 한 명인 경우가 일반적이다. 학부를 졸업해 해당 학과 교수의 세부 전공을 알고 있고, 각 교수의 학계 평판이나 인지도 등을 잘 알면 지도교수를 선택하는 건 비교적 쉽다. 그러나 자기가 졸업한 학교도 아니고 학과도 다르면 지도교수를 선택하는 게 만만찮다.

앞서 밝힌 대로 세부 전공에 맞춰 지도교수를 정해야 하는데 아무런 사전 정보 없이 입학 등록한 후 지도교수가 정해지면 예기치 못한 어려움이 발생할 수 있다. 자기가 원하는 세부 전공과 정확히 일치하지 않는 예도 발생할 수 있고, 학계에 전혀 알려지지 않은 무명의 교수일 수도 있다. 이런 점은 극복해 가면 되지만, 지도교수가 괴팍하고 까다로운 성격의 소유자라면 대학원 생활 내내 불행이 이어진다. 한번 정한 지도교수는 여간해 바꾸기가 어렵다. 그러니 신중해야 한다.

우선 동원할 수 있는 정보를 총동원해서 해당 학과 교수의 면면을 살펴야 한다. 가장 먼저 할 일은 교수가 발표한 논문을 살펴보는 일이다. 논문을 보면 세부 전공이 드러날 뿐 아니라 학문적 지향점을 가늠할 수 있다. 학계에 반영된 무게감도 어림잡아 파악할 수 있다. 논문과 함께 발간한 저서도 살펴봐야 한다. 나아가 다양한 채널을 동원해 지도교수가 될 확률이 높은 교수들의 평판을 들어봐야 한다. 물론 남을 통해 전해 들은 말은 액면 그대로 신뢰할 바는 못 되지만, 그래도 참고할 가치는 있다. 지도교수가 대학원 생활에서 차지하는 비중이 절반이 넘는다는 사실을 꼭 기억해야 한다.

지도교수의 인격

대학교수도 희로애락의 감정을 가진 사람이다. 감정뿐 아니라 남과 구분되는 인격도 가진 존재다. 대학 학부 때 수업에서만 만난 교수라면 그의 인격이나 인품에 관해 자세히 알 수 없다. 수업을 통해서만 만나다 보니 인품이나 인격이 어떠해도 별 상관이 없다. 그러나 대학원에서 지도교수로 만난다면 상황은 180도 달라진다. 비뚤어진 인품의 소유자로 상대를 배려할 줄 모르는 사람이라면 지도받는 원생은 행복 끝, 불행 시작이 될 수 있다. 거듭 강조하지만, 대학원생에 대한 지도교수의 권한은 절대적이다.

어려운 학문의 길을 가는 데 조력자 역할을 충실히 해줄 부모 같은 지도교수를 만난다면, 그보다 큰 행운은 없다. 그 반대일 때는 감당 못 할 고통의 연속이다. 그러나 너무 겁먹을 필요는 없다. 적어도 내가 지금껏 겪어본 대학교수는 대부분 훌륭한 인품을 가진 분들이었다. 아주 가끔 이기적이고 폭압적인 성격의 소유자도 있겠지만, 그런 분은 극히 소수에 불과하다. 교수를 칭할 때 '최고의 지성'이란 수식어가 따라붙듯이 그들은 감정을 앞세우기보다는 지성을 앞세우는 특성이 있다.

교양 있는 집단이고, 세련된 언행이 몸에 익었다. 교수도 대학원 석사와 박사과정을 거쳤기 때문에, 원생의 어려움을 누구보다 잘 안다. 원생이 늘 고달프고, 금전적으로 빈곤하며 시간에 쫓기는 삶을 살고 있다는 점을 잘 안다. 특히 논문 작성과 졸업에 관해 극도의 스트레스를 느끼며 살아간다는 점도 잘 안다. 특이한 성격이 아니라면 지도하는 학생의 처지를 이해하고 도와주려 애쓰는 게 인지상정이다. 그러니 일단은 대학교수의 인격과 인품을 믿으라고 전해주고 싶다. 호되게 운이 나쁜 경우 최악의 인품을 지닌 지도교수를 만날 수도 있지만, 그럴 확률은 높지 않다.

대개는 좋은 분들이고, 원생이 학문적 관심을 보이고, 학자가 되기 위한 자세를 보인다면 기꺼이 도와줄 분들이다. 그러니 지도교수를 탓하기에 앞서 원생 스스로 진정성을 가지고 학문할 자세를 보이고 있는가를 성찰해 보아야 한다. 학문에는 관심을 보이지 않고, 대충대충 학위만 받아 나가려는 성향을 보인다면 지도교수가 그 원생을 살뜰히 보살펴 주고 싶은 마음이 들지 않을 거다. 지도교수를 학문적으로 존경하지 않고, 사회생활에서 상사 대하듯, 또는 거래처 임직원 대하듯 사무적으로 접근하려 한다면, 제아무리 부처님 같은 인품을 가진 교수라도 그 원생에게 애정을 베풀지는 않을 거다. 지도교수가 원하는 바는 첫째가 학문적 관심과 열정이다. 학문적 관심이 없는 원생은 제대로 지도받기 어렵다.

언젠가부터 대학원은 전일제 원생보다 시간제 원생의 수가 압도적으로 많아졌다. 몇몇 학교를 제외하면 상황은 대개 같다. 직업을 가진 이들이 학문적 호기심을 풀기 위해 대학원에 진학해 공부하는 걸 탓할 이유는 없다. 그러나 시간제 원생이 생업에 쫓겨 공부할 시간이 없다는 이유를 들며 학업에 소홀한 사례를 무수히 보았다. 즉, 공부는 하기 싫고, 학문에 관심도 없으면서 오로지 졸업장을 탐내는 거다. 그런 자세를 바꾸지 않는다면 대학원 생활은 고달파질 수밖에 없다.

원생을 가장 근거리에서 지켜보는 지도교수가 그런 상황을 모를 리 없다. 도무지 학업에는 뜻을 두지 않고, 졸업하고 학위만 받겠다는 원생을 어여삐 봐줄 교수는 없다. 적어도 원생이라면 학계 일원이 되기 위해 노력하는 모습은 보여줘야 한다. 물론 교수 중에는 아주 독특한 성격을 가진 이가 있다. 괴팍한 성격에 더해 저열한 인품을 가진 이들도 있다. 원생 과정이나 이후 교수로 임용되기 전까지 무난하고 온화한 성품을 보이다가, 교수 임용 후 돌변하는 사례도 발견된다.

이런 배경에는 아주 다양한 원인이 있다. 그중 하나가 과도한 공경문화다. 우리 사회는 전통적으로 윗사람을 어려워하고 깍듯이 모시는 문화가 있다. 상하관계가 분명한 조직사회에서 특히 두드러지게 나타나는 문화다. 공경이란 이름으로 특정인을 받들고 구성원 다수가 이유 없이 조아려야 하는 문화가 있다. 세상이 변해 대부분 자취를 감췄다지만, 한국 사회의 뿌리 깊은 곳에 그런 문화가 남아있다. 과도한 대접을 받고 조아림을 받다 보면 자신도 모르게 갑질 근성이 몸에 익게 되는 거다. 대학 교수 중에도 그런 사례가 종종 발견된다.

세상 모든 일이 그러하듯 아주 특수한 사례를 일반화하는 건 무리가 따른다. 연구와 논문지도 면에서 다소의 능력 차이가 있어 원생에게 미치는 영향력의 차이는 있을지언정 인품 자체가 막돼먹어 원생을 인간적으로 괴롭히는 교수는 극소수라고 본다. 적어도 내가 경험한 교수는 대부분 인격자였고, 지성인이었다. 원생이 학문적 성과를 내도록 애써 도와주고, 진로도 걱정해 주는 스승의 모습을 보인 분이 대부분이었다. 원생에게 물질적 대가를 바라거나, 대가 없이 노동력을 부려 먹기만 하는 파렴치한 교수는 뉴스에서 접하는 이례적 사례다.

대학원생이라면 일단 지도교수를 믿고 따라야 한다. 조급하면 안 된다. 지도교수에 대한 불신이 커지면 커질수록 원생이 손해다. 그러니 믿고 따라야 한다. 그러나 실제 인품이 모자라고 파렴치한 모습을 보이는 지도교수를 만났다면, 지도교수 변경도 신중하게 고려해 볼 일이다. 그러나 지도교수 변경을 원하면 현재의 지도교수와 상의해야 한다. 충분히 이해할 만한 사정과 근거를 제시하고 양해를 구해야 한다. 그러나 지도교수 변경이 원생 자신에게나, 교수 당사자에게나 마이너스가 된다는 사실은 꼭 염두에 두어야 한다.

지도교수는 늘 바쁘다

　대학 학부만 경험한 이들은 교수가 세상에서 가장 편한 직업이라고 생각할 수 있다. 교수와의 접촉 시간이 수업뿐이기 때문이다. 대개의 학부생은 교수가 중고교 교사처럼 수업만 하면 된다고 생각할 수 있다. 더구나 중고 교사는 잡무도 많고 어려운 학생 생활지도까지 해야 하니 어렵다는 걸 안다. 그러나 대학교수는 잡무도 없고, 학생 생활지도에서도 물러서 있지만, 결코 만만한 자리가 아니다. 대학교수가 하는 일 가운데 수업이 차지하는 비중은 일부에 지나지 않는다. 학부생 눈에 보이지 않을 뿐이지 일이 없는 게 아니다. 물론 학교의 여건이나 개인 성향 차이가 존재하겠지만, 바쁜 건 사실이다.
　일을 안 하자면, 할 게 없지만, 하고자 마음먹고 달려들면 해도 해도 다 할 수 없는 게 대학교수의 업무다. 그렇다면 수업 말고 대체 무엇 때문에 대학교수가 바쁘다는 것일까. 교수가 아니니 정확히 알 수는 없지만, 대학원에 다니며 지켜본 바로도 일이 많다는 걸 알 수 있다. 그 첫째가 보직이다. 교수가 맡는 보직은 의외로 많다. 학과 보직이 있고, 단과대학 보직이 있다. 대학원이나 대학본부 등의 보직도 맡아야 할 때가 있다. 대학은 적게 수천 명에서, 많게 수만 명이 소속한 집단이다. 정부 기구나 대기업 등을 제외하면 대학보다 큰 규모의 조직은 없다. 그 큰 조직을 운영하려면 많은 행정원이 필요하다. 실제 업무는 실무 행정원이 처리한다 해도 실무 집단의 최고 결정권자는 교수가 맡는다.

대학 내 수많은 행정조직의 수장은 대학교수의 몫이다. 누구랄 것 없이 교수라면 정년 전까지 최소 한두 번의 보직을 맡아야 한다. 아무리 피하려 해도 학과장 정도는 피해 갈 수 없다. 보직을 맡는 순간, 수없이 많은 업무 보고를 받고 결재를 처리해야 한다. 총장이나 단과대학장, 대학원장 등을 대상으로 보고자가 돼 수시로 업무 진행 상황을 보고하고 협의해야 한다. 보직교수는 행사 참여도 많다. 보직을 맡으면 돌발 상황을 수시로 맞는다.

교수는 특정 분야의 최고 전문가이다. 세상에 떠도는 이야기를 하는 게 아니라, 학술적 근거가 있는 객관적 사실을 논리적으로 설명할 수 있는 사람이나. 그래서 긱종 매스미디어로부터 방송 출연이나 투고를 부탁받는 일이 많다. 신문사나 잡지사에 보낼 원고 한 편을 쓰는데도 족히 몇 시간은 걸릴 수 있다. 보직을 맡으면 미디어와 접촉할 기회가 그만큼 많아진다. 물론 보직을 맡지 않아도 해당 분야에 전문성이 탁월해 사회적으로 인정받으면 방송 출연이나 투고 등을 의뢰받는 일이 많다. 행사 참여 못지않게 공공이나 민간이 진행하는 각종 토론회나 자문회의, 심사위원 등으로 참여를 의뢰받는 일이 참 많다.

이런 활동 외에 교수로서 수업을 준비하고, 자기 연구 역량을 쌓아가는 일은 기본 중의 기본이다. 교수는 기본적으로 연구자이고 연구 역량을 갖춘 전문가이다. 자신의 연구 분야가 뚜렷이 존재하고, 그 분야에 관한 새로운 연구를 이어가야 한다. 연구를 이어간다는 건, 관련 논문을 작성해 학회에 발표하는 걸 의미한다. 이전에 세상에 알려지지 않은 새로운 사실을 발견해 공표하는 일은 쉽지 않다. 연구 대상에 따라 한 프로젝트를 마칠 때까지 수개월이 소요되기도 하고, 때로는 수년이 걸리기도 한다.

연구를 진행하고, 그걸 논문으로 작성하는 일은 고도의 전문성이 필요하고, 시간도 오래 걸린다. 또한 연구 활동을 이어가기 위해서는 학회 활동도 꾸준히 참여해야 한다. 학회는 매년 한두 차례 정기 학술대회를 하고, 정기 간행물을 발간한다. 학회 활동 참여만으로도 바쁠 텐데 학회 임원까지 맡으면 더 말할 나위 없다. 학과에 따라 사정은 조금 다르지만, 교수는 대개 서너 명, 많으면 두 자릿수 인원의 대학원생을 지도한다. 원생 한 명 한 명의 관심 분야 및 연구 분야는 각기 다르다. 원생마다 실력 차이가 존재한다. 다수의 원생을 지도하며 끌고 가는 일은 에너지 소모가 많다.

논문 쓰기가 막막해 지도교수의 세심한 지도를 받고 싶은데 그럴 기회를 얻지 못하는 원생은 지도교수의 이런 일정을 제대로 알지 못해서 서운한 마음을 갖기도 한다. 논문 쓰는 법을 가르쳐주지 않고 논문을 써오라니 막막할 수밖에 없고, 그 막막함이 서운한 마음으로 변질되기도 한다. 교수는 일이 많다. 다수의 원생을 상대로 일일이 논문 쓰기 전 과정을 과외선생처럼 지도할 수 없다. 원생은 졸업이 임박해야 이런 사정을 깨닫는다. 대개 그렇다.

학부생을 대상으로 교과 시험을 치르고 채점해서 성적 산출하는 일이 만만치 않다는 건 해본 사람만 안다. 수강생이 수십 명에 달하는 교양과목일 경우 채점과 성적 산출은 더 어렵다. 문제가 주로 주관식이나 서술식이다 보니 중고교처럼 OMR 전산 방식을 쓰는 것도 아니고, 일일이 수기 채점해야 한다. 더구나 성적 처리는 절대평가가 아닌 상대평가다. 학교가 정해주는 비율대로 인원을 배분해야 한다. 채점한 대로 점수를 매기고 성적을 부여하는 절대평가 방식에 비해 비율대로 성적을 배분하는 상대평가는 매우 까다롭다. 시간도 아주 오래 걸린다. 그래서 교수들은 시험 보고 채점하는 걸 아주 힘겨워한다.

논문 심사도 교수의 어려운 업무 중 하나다. 지도 원생의 논문을 수시로 살펴봐 주어야 하는 건 물론이고, 논문심사위원 의뢰를 받으면 해당 논문의 심사를 위해 많은 에너지를 소모해야 한다. 심사를 위해 원거리 출장을 가야 할 일도 많다. 논문심사위원은 작은 보상이 주어지지만, 교수끼리 품앗이 개념으로 엮여있어 외면할 수 없다. 내 제자의 논문 심사를 의뢰하려면 나도 그 교수 제자의 논문 심사를 맡아주어야 한다. 여기서 나열한 건 그나마 기본적인 업무이다. 정말 많이 바쁜 직업이다.

지도교수와 소통법

전술한 대로 교수는 바쁘다. 원생이 겪는 가장 큰 애로 중 하나가 지도교수와 소통하는 일이다. 특히 논문 작성과 관련해 배우고 싶고, 묻고 싶은 게 너무 많은데 도무지 만나기가 쉽지 않다. 학교에서 일과를 보내는 전일제 원생은 그나마 사정이 낫지만, 직업을 가진 시간제 원생은 지도교수 만나기가 하늘의 별 따기다. 전화해도 받지 않고, 문자메시지를 보내도 즉시 회신하지 않는다. 그렇다고 무작정 찾아갈 수도 없고, 자기도 직업을 갖고 일하다 보니 찾아갈 시간도 없다.

원생에게 지도교수는 대단히 상대하기 어려운 지엄한 존재다. 어려운 지도교수에게 불쑥불쑥 전화를 걸기도 쉽지 않다. 소통이 원활하지 않으니 답답하기만 하다. 제대로 소통이 안 되면 서운한 마음이 생기기도 한다. 교수는 전화를 잘 받지 않는다. 수업 중이면 통화가 안 되는 건 당연하고, 연구 활동하고 있을 때도 통화는 어렵다. 걸려 오는 전화를 다 받다 보면 연구에 몰입할 수 없기 때문이다. 학술대회에 참석하거나, 자문위원 또는 심사위원 등으로 활동할 때도 전화를 받기 어렵다. 그러니 지도교수와 소통하고자 할 때는 전화보다 문자메시지를 써야 한다.

  그러나 그 또한 바로바로 회신할 형편이 못 될 때가 많다. 그래서 뒤늦게 답신을 주는 때도 있고, 그나마 잊으면 못 해줄 때가 많다. 지도교수로서 많은 원생이 수시로 전화를 걸어오거나 문자메시지를 보내면 그걸 일일이 응대하는 게 어렵다. 어려운 걸 넘어 다른 일을 할 수 없다. 지도하는 학생이 열 명이고, 그 학생이 수시로 논문 작성법을 문의하기 위해 문자메시지를 보낸다고 가정하면 다른 일을 할 수 없을 지경에 이른다. 그래서 다급한 내용이 아니라면 그냥 무시하고 마는 때도 있다. 어차피 아쉬운 건 원생이지, 지도교수가 아니기 때문이다.

  그렇다면 지도교수와 소통할 방법은 무엇일까. 가장 현명하게 소통하는 방법은 무얼까. 가장 좋은 방법은 이메일을 활용하는 거다. 이메일은 즉시 소통이 이루어지는 건 아니지만, 수신 여부를 확인할 수 있고, 비교적 긴 문장으로 자신이 원하는 바를 전달 할 수 있다. 경험에 의하면 대개의 교수는 소통 수단으로 이메일을 가장 즐겨 쓴다. 즉답하지 않아도 되고, 자기가 가장 편하고 한가한 시간에 답신할 수 있기 때문이다. 사회인끼리 소통하듯 아무 때나 전화하고, 메시지를 보내도 바로 답을 받을 수 있을 거로 생각하면 착각이다. 교수는 그럴 시간적 여유가 없다.

또 다른 이유가 있다. 교수는 우리가 흔히 접하는 직업군 가운데 지적 수준이 가장 높은 부류다. 교수는 학자다. 학자의 특징은 말로 소통하기보다 글로 소통하는 걸 편하게 여긴다는 점이다. 평생 글을 읽고 쓰는 걸 습관화했으니, 말보다 글이 편해진 거다. 대개의 사람은 글쓰기를 귀찮아하고 어려워하지만, 교수들은 글쓰기가 말하기보다 편하다고 느낀다. 편하기에 앞서 정확하고 명료하며, 근거가 남아 불필요한 오해를 줄일 수 있다는 점도 생각한다. 그러니 이메일을 활용하는 게 최적이다. 이메일도 없던 시절 원생이 지도교수와 소통하기 얼마나 어려웠을까 생각해 보면, 이메일이 일반화된 지금이 얼마나 다행인지 오히려 고마워해야 한다.

교수는 바쁜데 사소한 얘기나 사적 소재로 빈번하게 소통을 요구하는 것도 결례다. 메일을 보낼 때도 이 점을 명심해야 한다. 또한 문법에 맞지 않아 이해하기 어려운 문장으로 소통하는 것도 금물이다. 교수는 논리적 사고가 생활화된 직업군이다. 무슨 말인지 제대로 이해하기 어려운 난해한 글로 소통하면 몹시 힘겨워한다. 요지가 분명하지 않은 글을 장황하게 써 보내면 지도교수는 몹시 힘들어한다. 이런 일이 반복되면 메일을 발송한 원생에 대한 신뢰가 하락할 수도 있다. 그러니 꼭 지도교수에게 보내는 경우가 아니더라도 메일로 보내는 모든 글은 간결하고 명료하게 쓰는 습관을 들여야 한다.

지도교수는 늘 바쁜 사람이고, 논리적인 뇌 구조를 가졌다는 점을 꼭 기억해야 한다. 그러면 원하는 회신을 받을 수 있다. 보다 구체적으로 언급하면 막연한 질문, 간단히 답해줄 수 없는 질문을 피해야 한다. 예를 들면, "기후 위기 관련해 학술지 논문을 한 편 쓰고자 하는데 어떤 주제를 정하면 좋을까요?"라고 질문하면 안 된다. "기후 위기 관련 학술지 논문을 준비하고 있습니다. 서해와 동해의 기후변화 속도와 현황을 주제로 잡는 것이 학술적으로 가치가 있을지, 서울, 춘천 중심 중부지방과 부산, 광주 중심 남부지방으로 구분해 두 지역의 기후변화 속도와 현황을 주제로 삼는 게 학술적으로 가치가 있을지 고민 중입니다. 교수님의 자문을 얻고자 합니다. 답변해 주시면 연구 주제 설정에 도움이 되겠습니다."라고 질문해야 한다. 정확히 선택지를 주고, 거기서 택일하여 의견을 줄 수 있게 범위를 좁혀 주어야 한다.

 많은 원생이 연거푸 선택지 없는 물음을 이어온다면, 지도교수는 감당할 수 없는 지경에 이른다. 자신이 고민한 지점까지 이야기 해주고 선택에 도움을 요청해야 한다. 모든 지도교수는 원생이 최대한 고민해서 과정을 헤쳐 나가며 자신에게 최소한의 고민만 안겨주길 바란다. 원생은 자기 한 명만 생각하지만, 지도교수는 여러 원생을 지도한다. 그러니 자기가 할 고민을 충분히 하고, 최소한의 선택을 지도교수에게 의뢰해야 한다. 그렇지 않으면 한참이 지나도 답을 받을 수 없게 된다.

연구안내자이자 연구동반자

　대학원생의 목표는 혼자서 연구를 수행할 능력을 키우는 거다. 즉, 혼자 새로운 연구를 수행하고, 그 결과를 논문으로 발표할 줄 아는 사람이 되는 거다. 이는 달리 표현하면 연구자가 되는 거라 말할 수 있다. 석사가 워밍업 단계라면 박사는 완전한 홀로서기를 할 줄 아는 단계다. 그걸 공식적으로 인정받는 게 학위다. 대가로 칭송받는 이들이라면 엄청난 연구 업적을 내놓겠지만, 초보 연구자가 세상과 학계를 놀라게 할 만한 대단한 연구 성과를 내기는 어렵다. 그저 엄청나게 큰 건물을 짓는데 벽돌 하나를 쌓는 심정으로 작은 성과를 내는 데서 출발해야 한다.

　그러나 그 작은 성과라 할지라도 이미 세상에 발표된 것이면 안 된다. 논문 쓰기는 그래서 어렵다. 논문은 다른 어떤 글보다 형식을 중요시한다. 그 형식을 완전히 익혀 내면화하기까지 부단한 훈련이 필요하다. 내용을 채우기도 어렵지만, 형식에 맞게 논리적 일관성을 갖고 한 편의 논문을 완성하는 일은 만만치 않다. 많이 읽고 많이 써 보면서 구성과 논리의 흐름을 몸으로 익혀야 한다. 논문은 쓰기도 어렵고, 읽기도 어렵다. 석사과정 원생은 말할 것도 없거니와 박사과정 원생이 누구의 도움 없이 혼자 논문을 작성한다는 건 불가능에 가깝다.

연구 주제를 설정하는 부분부터 시작해 전체적인 구성을 잡아나가는 과정, 실제 집필하는 과정, 결론을 도출해 내는 과정 등을 혼자 헤쳐 나가기는 참으로 어렵다. 그럴 때 가이드 역할을 해주는 사람이 바로 지도교수다. 지도교수는 내가 연구를 수행하는 데 가장 근거리에서 가장 책임감 있게 도와주는 동반자이다. 석사나 박사과정 원생이 혼자 연구할 수 있고, 혼자 논문을 쓸 수 있다면, 지도교수의 존재감은 작아질 거다. 하지만, 연구자의 길로 접어들기 위한 과정에 서 있는 원생은 그 막중한 일을 혼자 헤치고 나갈 역량이 부족하다. 누군가의 지도를 받지 않고는 그 길을 헤쳐 나갈 수 없다.

설령 타고난 재능이 워낙 탁월한 문일지십형 인간이어서 혼자 공부해서 연구하는 방법과 논문 쓰는 방법을 터득했다고 해도 학계는 그걸 인정하지 않는다. 아버지 없는 자식이 존재할 수 없듯, 지도교수 없는 원생은 없다는 게 학계의 통념이다. 앞서 언급했듯이 지도교수는 학문적 부모이다. 다수의 동물은 태어나자마자 걷고 혼자 활동한다. 심지어는 혼자 먹이활동도 한다. 그러나 인간은 부모의 돌봄 속에 성장한다. 학문 세계의 생존도 인간의 성장과 비슷하다. 혼자 연구하고,

논문을 쓸 때까지 보살펴 주는 존재가 지도교수다. 박사학위를 얻었다는 건 지도교수의 손을 떠나 혼자 학계의 일원으로 활동할 수 있는 자격을 얻는 셈이다.

원생과 지도교수는 학문적 동반자다. 일방적으로 지도받기도 하지만, 때로는 서로의 생각을 공유하고, 협의해 가며 연구의 방향성을 잡는다. 지도교수라고 해서 모든 걸 다 안다고 생각하면 오산이다. 학문의 세계는 우주와 같이 광활하여 모든 분야를 다 섭렵할 수 없다. 그럼에도 지도교수를 의존하고 따라야 하는 이유는 분명하다. 원생이 가고자 하는 학문의 길과 최대한 비슷한 길을 앞서 경험하며 노하우를 축적했기 때문이다. 광활한 학문의 세계를 유영해 가며 부딪힐 수 있는 갖가지 난관과 돌발 상황을 앞서 경험한 지도교수는 가장 안전하고 빠르게 목적지에 갈 방법을 안내해 줄 동반자다.

지도교수는 원생이 논문을 쓸 수 있게 도와주는 조력자다. 더불어, 함께 연구하는 동반자다. 나아가 공부할 방향과 유형을 제시해 주는 안내자이다. 학문의 세계로 진입하는 길에 등불이자 등대인 존재가 지도교수다. 혼자 논문을 쓸 때까지 역량을 키우려면 아주 많은 단계를 거쳐야 한다. 박사과정이라면 학위논문을 쓰기에 앞서 학술지에 연구 논문을 몇 편 제출해 심사를 통과하고 게재하는 단계를 거쳐야 한다. 흔히 소논문이라고 하는 이 연구 논문을 작성할 때도 연구 주제를 정하고, 단계적 집필을 해가는 과정마다 지도교수의 지도를 받아야 한다.

　지도교수가 허락하고 통과해 주어야 다음 단계로 갈 수 있다. 학위논문을 준비할 때는 더 말할 나위가 없다. 지도교수가 단계마다 허락해 주어야 하는 이유는 그에게 절대권력이 있어서가 아니다. 원생의 논문은 지도교수와 합작품이기 때문이다. 세상의 웃음거리가 될 논문을 썼다면, 그건 원생 자신의 망신이기도 하지만, 나아가 지도교수도 덩달아 망신당하는 일이다. 학계가 허용하는 수준을 잘 알고 있는 지도교수가 단계별로 승인해 주어야 다음 단계로 갈 수 있음은 당연한 일이다.

가장 어려운 존재,
가장 친해야 할 존재

    대학 학부생에게 교수는 비교적 친근한 존재다. 중고교 교사처럼 억압적이지도 않고, 갖가지 방법으로 통제하려 들지 않는다. 중고교 때와 비교하면 수업도 한결 자유스럽고 부드럽다. 학생은 학점 외에 교수에게 달리 아쉬울 게 없다. 학점은 교수의 고유 권한이고, 대학 시험은 교수의 주관적 평가를 중시하는 경향이 강해 높은 학점을 받으려면 수업에 충실해야 하고, 과제도 제때 제출해야 한다. 성실하고 겸손한 자세를 보이는 것도 중요하다. 자신의 이미지 관리 차원이다.

    대학교수는 중고교 교사처럼 생활기록부를 작성하지도 않는다. 학교 규칙에 어긋나게 생활했다고 학부모를 소환하지도 않는다. 학부생에게 교수는 학점 외에는 달리 행사할 권한이 없다. 그러니 학부 학생은 교수를 대하기 어려운 존재로 인식하지 않는다. 친근하고 편한 존재로 여긴다. 적당한 애교와 응석을 부리기도 하고, 농담을 걸기도 한다. 크게 아쉬울 게 없고, 잘 보이려고 애쓸 필요도 별로 없다. 졸업이 임박해 4학년 때 취업을 위해 추천을 의뢰받을 때쯤 교수의 힘을 의식할 뿐이다. 수업 재미있게 하고, 학점 잘 주면 최고의 교수다.

하지만, 대학원에 들어가면 상황은 180도 바뀐다. 학부생 때는 대학원생이 교수 앞에서 절절매는 모습을 보며 이해하지 못했을지 몰라도, 막상 대학원에 발을 디디면 금세 상황을 인식한다. 학부과정은 특별한 경우가 아니라면 4년의 세월이 흐르면 대개 졸업한다. 불성실해서 'F 학점'을 무더기로 맞은 경우가 아니라면, 졸업 못 하는 예는 거의 없다. 그러나 대학원은 석사든 박사든 지도교수가 논문 통과를 승인하지 않으면, 절대 졸업할 수 없다. 특히 박사가 되기 위해서는 학위논문 외에 통과해야 할 여러 절차가 있어, 지도교수가 도와주지 않으면 그 절차를 통과할 수 없다.

대학원은 지도교수의 지도를 제대로 받지 못하면 한 발짝도 앞으로 나갈 수 없다. 대학원에 입학하면 그런 사실을 곧바로 깨닫게 된다. 학부 때 그렇게 편하게 지내던 교수도 막상 대학원생이 돼 지도교수가 되면 몹시 어렵고 부담스러운 존재가 된다. 심한 경우, 지도교수 앞에서 오금도 제대로 못 펴는 이들도 있다. 지도교수가 원생에게 어려운 존재인 건 맞다. 초중고를 거치며 경험한 담임교사, 대학 학부생 때 경험한 교수와 전혀 다른 막강한 존재가 대학원 지도교수다. 막대한 시간과 비용을 투자해 대학원에 입학했는데, 누군가 내 생사의 열쇠를 쥐고 있다면, 그 큰 존재감에 자신도 모르게 낮아지고, 작아지는 건 어쩔 수 없다.

그러나 지도교수를 그렇게 어렵고 불편한 존재로만 인식한다면 대학원 생활을 잘하는 거라 할 수 없다. 하루속히 부담스러운 마음을 극복하고 지도교수에게 한 발짝 더 가깝게 다가서야 한다. 전일제 원생의 경우, 지도교수와 밀접해 연구를 수행하거나 행정적 업무를 도와주는 역할을 하다 보면, 비교적 빨리 소원함을 극복한다. 문제는 직업을 가진 시간제 원생이다. 어렵게 시간을 내서 코스웍 수업 참여하고 과제 제출하는 것만도 벅차서, 지도교수와 친밀해질 시간적 여유가 없다. 그래서 늘 죄스러운 마음을 갖고, 주눅이 들어 지도교수를 어려워하는 마음을 극복하지 못한다. 그러나 그렇게 어려워하고 피하기만 해서는 대학원 생활이 더욱 어려워질 뿐이다.

예의를 벗어나지 않는 선에서, 지도교수에게 부담을 주지 않는 선에서 속히 친밀한 관계로 발전해야 한다. 수업 후 가끔 갖는 회식 또는 개강이나 종강 때 갖는 회식 자리도 꼭 참석하려 노력해야 한다. 앞서 밝혔듯이 지도교수와 소통하고자 할 때는 막연한 질문으로 다가서면 안 되고, 스스로 고심해서 적당한 선택지를 만든 다음 그걸 가지고 소통을 시도해야 한다. 원생이 노력하고 고심해서 선택지를 좁혀왔다는 걸 알아채면 지도교수도 소통하기 한결 편해진다. 막연한 질문만 이어가거나, 고심한 흔적이 전혀 없이 뜬구름 같은 이야기만 이어가면 성심껏 지도해 줄 엄두를 내지 못한다.

지도교수는 중고교 때 담임교사처럼 생활지도를 하는 게

아니다. 연구와 논문을 지도하는 거다. 연구와 논문에 관한 진척이 없으면 긴밀한 관계로 발전할 수 없다. 그러니 원생이 자신의 연구 과제에 관심을 두고, 교수에게 지도받으려는 강한 의지를 보이는 게 중요하다. 원생은 전혀 급할 게 없는 듯 느긋한데 자신이 먼저 애달아서 연구나 논문 얘기를 먼저 꺼내는 지도교수는 없다. 원생이 애쓰고 고심하는 모습을 보이고, 지도를 구할 때 비로소 지도교수의 역할에 나서려 한다.

졸업해도 이어지는 인연

여러 차례 언급했듯이 지도교수는 학문적 부모이자 동반자다. 대학원을 졸업하고 학위를 얻어 학계에 발을 내디디는 순간부터 ○○○교수 제자란 말이 꼬리표처럼 따라붙는다. 연구하고 논문 쓰는 등 모든 학문 활동을 하는 동안 내 업적은 지도교수의 그림자에 깃들여 있다. 학계에서 인정받고 홀로서기를 할 수 있을 단계에 이르기 전까지 지도교수의 그림자는 짙게 드리워져 있다. 졸업 후 학위를 얻은 것으로 만족하고, 학문 활동을 중단하는 이들도 적지 않다. 그저 학위가 중요할 뿐 학문 활동 자체에는 애초에 관심이 없던 거다.

그럴 거면 누구의 지도를 받은 제자라는 사실은 크게 중요하지 않을 수도 있다. 하지만, 계속 학문의 세계에 남아 학계의 일원으로 활동하기를 원한다면 지도교수 꼬리표는 늘 따라다닌다. 학위를 얻는 거로 만족해서 연구나 논문 쓰기를 중단한 이들도 영영 학계를 떠났다고 단정할 수 없다. 얼마의 시간이 지나고 마음이 변해서 학계로 발길을 돌릴 수 있다. 석사학위자라면 모를까 박사학위자는 더욱 그러하다. 몇 년의 공백이 있어도 박사학위자로서 연구 활동을 시작하고, 관련 논문을 학술지에 게재하며 학계에 문을 두드리면, 이를 막을 사람은 없다.

그러니 섣불리 학계를 떠났다고 단언할 필요는 없다. 박사학위를 얻은 후 학문과 동떨어진 생활을 하고 살다가 우연한 기회에 좋은 자리로 옮길 기회를 맞을 수도 있다. 그럴 때 박사학위 소지자라면 대부분 학술지 논문 게재 실적을 요구받게 된다. 뒤늦게 연구 및 논문 게재 실적이 필요하면 학계로 다시 눈길을 돌리는 사례를 여럿 봤다. 그러니 함부로 학계와 절연을 말할 필요가 없다. 대학원 생활 동안 지도교수에게 불만을 품고 서운한 마음을 해소하지 못한 채 학교를 떠나는 이들도 있다. 이들을 대개 지도교수와 절연을 선언한다. 원생 신분일 때는 내색하지 않고 있다가 졸업과 동시에 지도교수와 인연을 완벽하게 연을 끊는 사례다.

인간의 감정이니 어찌할 도리가 없으나, 참으로 안타까운 일이다. 갑과 을의 관계인 지도교수와 원생의 사이에서 서운한 일은 얼마든지 있을 수 있다. 하지만 중요한 건, 그 서운함을 어떻게 극복하고, 정리하고 떠나는가이다. 졸업이 확정됐다면, 아쉽고 어려울 게 무엇인가. 허심탄회하게 서운했던 점을 말하고, 오해를 풀어야 한다. 축복받으며 학교를 빠져나가야 한다. 묵은 감정을 털지 못하고 학교를 나서는 건 졸업의 의미를 반감하는 일이다. 학위자는 언제 어떤 방식으로든 좋은 조건으로 일할 기회가 찾아올 수 있다.

지도교수에게 연락해 인물됨 등을 확인할 개연성은 크다. 학계 활동을 얼마나 긍정적으로 수행했는지에 관한 조사를 벌일 수도 있다. 지도교수와 관계를 회복하지 못한 채 학교를 떠났다면, 큰 손해를 입을 수 있다. 학위를 얻은 후 연구 활동을 중단했다면, 그 또한 감점 요인이다. 특히 박사학위자라면 어느 자리에 있든 연구 활동을 이어가는 게 옳다. 지도교수와 관계가 불편해 스스로 학계와 절연하고 연구 활동을 멈췄다면, 그 손해는 고스란히 본인이 입는다. 대학원생일 때 아무리 불편하고 서운한 감정이 남아있더라도 정리하고 좋은 이미지를 남긴 채 떠나야 한다.

지도교수와 인연은 졸업 후라고 끊기지 않는다. 학계 돌아가는 소식을 누구보다 잘 알고 있는 지도교수는 얼마든지 영향력을 발휘할 수 있다. 좋은 프로젝트가 생겼을 때, 연구 일원으로 참여하게 해줄 수도 있고, 좋은 자리가 생기면 추천해줄 수도 있다. 공동연구 과제가 있을 때 구성원으로 참여하면, 혼자 연구하고 논문을 쓰는 것보다 훨씬 노력을 덜 기울이고도, 연구 실적을 관리할 수 있다. 교수 입장에도 직접 지도한 원생의 수는 손으로 헤아릴 정도다. 어느 한 명과도 절연하거나 불편한 관계를 이어갈 이유가 없다. 자기가 이끄는 학단의 일원이기 때문이다. 지도교수와 그 지도를 받은 이의 관계는 졸업했다고 끝나는 게 아니다. 끝까지 존경하는 마음을 갖고, 따라야 한다. 그게 순리다.

교수의 안식년제와 교환교수제

　우리나라 대학은 언제부턴가 교수의 안식년제를 허용하고 있다. 주5일제 시행 전 6일 근무가 전통이던 시절, 주중 6일간 일하고 일요일에 휴무를 갖듯이 6년간 일하고 한 해 휴식을 취하는 제도다. 앞서 설명했듯 대학교수는 밖에서 볼 때 가장 편한 직업 같지만, 실상 어떤 직업 못지않게 업무가 많다. 그래서 에너지를 충전할 수 있게 안식년제를 마련하는 대학이 많다. 교수 직업을 선호하는 이유는 아주 많지만, 안식년제를 활용할 수 있다는 점도 큰 이점 중 하나다.

　온 국민의 뇌리에 근로 지상주의가 깊이 박혀있는 대한민국에서 직장인이 1년간 휴식을 가질 수 있다는 건 상상하기 어려운 축복이다. 안식년제는 앞으로 다른 분야로 확산할 가능성이 크지만, 아직은 교수를 비롯한 일부 직업에만 존재해서 특혜로 여긴다. 안식년을 맞으면 교수는 교환교수제도를 활용해 1년간 외국 대학에서 근무할 기회도 생긴다. 파견하는 쪽과 받아들이는 쪽이 같은 인원을 교환하는 예도 있고, 한쪽에서만 파견하는 예도 있다. 외국 대학과 시행하는 교환교수제 외에 국내 대학끼리 교수를 파견하거나 초빙하는 교류 교수제도 있다.

  교환교수제나 교류 교수제 모두 학술적인 교류를 하면서 친선과 상호 이해를 증진하는 데 목적을 둔다. 모든 교수가 이러한 제도를 활용하는 건 아니다. 자기 상황에 맞게 선택할 뿐, 의무적으로 참여해야 하는 건 아니다. 안식년을 활용하거나 교환교수 또는 교류 교수로 다른 학교에 근무한다고 해서 불이익을 받지 않는다. 그러니 좋은 기회라고 여기고 적극 참여하고자 하는 이들도 많다. 물론 제도를 활용하지 않는 교수도 많다. 그러나 인식이 확산하며 활용자도 점차 늘어가는 추세다. 굳이 안식년제와 교환교수제를 설명하는 이유는 이 제도가 교수 자신에게는 더없이 좋은 제도이지만, 대학원생에게는 큰 변수가 될 수 있기 때문이다.

  교수가 안식년을 갖거나 외국 대학 교환교수로 갔다고 해도 학부생에게 미치는 영향은 미미하다. 그러나 대학원생에게 그 영향은 클 수밖에 없다. 특히 지도교수가 그 대상이라면 막막할 뿐이다. 더욱이 코스웍 단계 원생이라면 모를까 학위논문을 한창 쓰고 있는 원생이라면 불이익이 커진다. 지도교수의 허락 없이는 과정을 한 발짝도 앞으로 나갈 수 없는 게 대학원 과정인데, 지도교수가 학교에 나타나지 않는다면 앞이 깜깜해질 수밖에 없다. 졸업을 목전에 둔 원생이라면 자칫 졸업이 1년 미뤄질 수도 있는 일이기 때문이다. 그러니 이

문제는 결코 가볍게 여길 일이 아니다.

대학원에 입학해 지도교수를 정할 때, 꼭 확인해야 할 부분이 바로 이 점이다. 지도교수 대상자가 안식년제를 활용하거나 교환교수 파견을 나갈 계획이 있는지를 확인해야 한다. 대개 석사는 2~3년이면 학위를 얻을 수 있어 지도교수와 관계에 1년의 공백이 생긴다면 낭패가 될 수 있다. 물론 안식년을 갖거나 교환교수로 다른 학교에 있을 때도 이메일 등을 통해 소통하면서 연구과제 수행이나 논문 작성과 관련해 지도받는 일은 가능하다. 실제로 그렇게 하는 사례도 많다. 그러나 막판 논문 쓰기가 한창 진행 중이라면 메일로 소통하는 게 실상 원활하지 못하다. 그래서 지도교수를 정하기에 앞서 꼭 안식년이나 교환교수 계획이 있는지 확인하고, 일정을 조율해야 한다.

사전 조율 없이 무턱대고 준비했다가 시기를 맞추지 못하면 본인만 손해다. 조율이 어렵다면 다른 지도교수를 찾는 방법도 고려해야 한다. 박사과정은 짧게 4~5년, 길게 7~8년 또는 그 이상의 과정 시간이 소요되기 때문에 석사에 비해 지도교수의 1년 공백에 큰 영향을 받지 않는다. 지도교수는 무책임하게 지도하는 원생을 방치하고 떠나지 않는다. 이메일을 통해 소통하며 연구의 방향을 지시하기도 하고, 논문의 수정할 부분을 짚어주기도 한다. 다만 막판 논문 심사를 받는 기간에는 이처럼 이메일로 지도하는 게 어렵다. 그래서 막판 논문 심사를 앞둔 원생이 있으면 자기의 안식년이나 교환교수 일정을 조절하기도 한다.

  중요한 건 원생이 사전에 충분히 지도교수와 협의해 가며 서로의 일정을 조정하는 거다. 서둘러 논문 심사를 앞당기든지, 1년 정도 여유를 갖고 논문을 보강할 기회를 얻든지 등을 충분히 협의하여 최선의 길을 찾아야 한다. 지도받는 원생에게 지도교수는 한 명이지만, 교수는 지도하는 학생이 다수이다. 그 학생 하나하나의 사정에 맞추다 보면 안식년제나 교환교수제 같은 좋은 제도를 제대로 활용할 수 없다. 그러니 만약 지도교수가 안식년을 활용하거나 교환교수로 외국에 나가도 원망할 수 없다. 그 사정에 맞춰 가장 현명한 방법을 찾아야 한다. 온라인 지도를 받을 건지, 부족한 부분을 채우며 1년을 기다릴 건지 결정해야 한다.

제1 저자와 책임저자

학위논문의 경우, 학위를 받기 위해 논문을 작성하는 사람이 한 명이다. 그래서 그 학위논문은 저자가 반드시 한 명이다. 물론 학위를 받는 원생이 논문 작성의 A부터 Z까지 혼자서 처리하지는 않았을 거다. 집필에 참여하지 않았더라도 주변인의 여러 도움을 바탕으로 논문을 완성했을 것이다. 그중 지도교수의 역할은 지대했을 거다. 원생이 학위논문의 주제를 정하는 것부터 지도교수와 상담하고, 협의하는 과정을 거쳤을 거다. 이뿐만 아니라 논문을 쓰는 동안 단계를 뛰어넘을 때마다 확인받고, 조언을 들었을 게 분명하다.

그런 면에서 학위논문은 당사자 한 명의 이름으로 세상에 내놓게 되지만 실상은 지도교수와의 합작품이라 해도 과언이 아니다. 그러나 학위논문은 특정인의 대학원 과정을 망라한 결정체란 의미에서 저자 단독 명의로 기재된다. 학술지 논문은 다르다. 학술지 논문은 세상의 모든 분야 연구 성과가 결집하는 공간이다. 학술지의 저자는 학위를 받은 연구자도 있지만, 그렇지 않은 연구자도 존재한다. 대학교수나 전문 연구원도 존재하지만, 연구 분야에 초보 발걸음을 내디디는 신출 연구자도 있다.

대학교수나 전문 연구원은 개인 명의로 학술논문을 발표한다. 물론 역할을 나누어 여러 명이 공동저자로 논문을 작성하는 사례도 있다. 대학원생을 비롯해 아직 홀로서기가 어려운 연구자는 단독으로 학술지 논문을 싣기가 여간해 쉽지 않다. 논문은 대단히 어려운 내용과 형식의 글이다. 숙달된 연구자의 지도를 받으며 꾸준히 작성하는 훈련을 거쳐야 훗날 혼자 논문을 쓸 수 있다. 그래서 박사과정을 진행하는 동안 학술지 논문에 투고하며 홀로 논문 쓰기를 위해 꾸준히 연습한다. 그렇게 여러 차례 학술지 논문을 게재하면, 논문의 내용과 형식 등에 관한 이해가 깊어져 학위논문을 혼자 쓸 수 있는 역량이 생긴다. 그때까지는 꾸준히 지도교수의 도움을 받아야 한다.

학술지 논문을 보면 저자 이름이 한 명일 때, 두 명일 때, 세 명 이상 복수인일 때 등 다양하다. 저자 이름란에 적힌 이름의 순서는 나름대로 각각의 의미가 있다. 누굴 먼저 적고 싶다고 먼저 적는 게 아니고, 교수라 하여 원생보다 먼저 적는 것도 아니다. 저자명을 기록하는 순서는 학계 규칙에 따라 정해져 있다. 앞자리를 양보하고 싶다고 양보할 수 있는 것도 아니고, 뒷자리가 좋아 뒷자리로 가고 싶다고 가는 게 아니다. 저자의 이름 순서는 논문을 완성하는 데 기여한 나름의 기여도가 드러난다. 아울러 논문을 작성하는데 어떤 역할을 했는지도 대략 드러난다. 그러나 중요한 건 제1 저자(주저자)와 책임저자(교신저자)다. 여럿이 작성했을 때도 주저자와 교신저자의 역할이 가장 중요하다.

제1 저자(1st author)

논문 저자명 중 맨 앞에 기록돼 있다면 제1 저자다. 제1 저자는 논문의 실질적 주인이라고 말할 수 있는 사람이다. 논문의 연구 결과 및 분석, 해석을 담당하고 집필도 맡는다. 데이터의 신뢰성은 모두 제1 저자의 몫이다. 논문의 아이디어를 제시하고, 연구를 진행하고, 데이터를 정리하는 등 논문 작성과 관련한 대부분 업무가 제1 저자의 몫이다. 그러니 제1 저자는 "이 논문은 내 논문이다"라고 말할 수 있는 사람이다. 저자명을 기록할 때 가장 먼저 이름을 올린다.

책임저자(교신저자, corresponding author)

책임저자는 교신저자라고도 한다. 교신저자는 학술지 편집자와 연락을 취하여 질문을 주고받는 역할을 한다는 뜻에서 붙여진 명칭이다. 논문의 수정을 담당하고, 연구 프로젝트의 총책임자 역할을 맡는다. 논문의 주제를 설정할 때 책임저자의 제안으로 시작되는 일이 많다. 원생의 경우 지도교수가 책임저자를 맡는 게 일반적이다. 그래서 지도교수와 원생의 관계를 연구의 동반자라고 표현한다. 연구자의 이름을 나열할 때 가장 마지막 자리에 책임저자의 이름을 올린다. 책임저자는 논문 결과가 조작되었거나, 누군가의 논문을 베꼈다든가 하는 문제가 발생하면 책임을 지는 자리다. 그러니 아주 막중한 역할이라 할 수 있다.

공동저자(공저자, collaborator)

제1 저자나 책임저자만큼의 비중은 아니더라도 논문을 쓰는데 나름의 기여도가 있는 저자를 공동저자로 한다. 저자명을 나열할 때 가운데 부분은 공동저자의 몫이다. 대개 통계나 자료정리 등의 특정 역할을 맡는다. 과거에는 별다른 기여가 없는 이에게 공동저자 이름을 올려주는 일이 관행적으로 발생했지만, 최근에는 공동저자에 관한 관리가 엄격해졌다. 학술지에 논문 원고를 제출할 때, 공동저자의 역할을 구체적으로 기술한다. 기여도 없이 공동저자로 이름을 올렸다가 학계의 비난을 사고 망신을 자초하는 사례도 어렵지 않게 발견한다. 제1 저자를 맨 앞에, 책임저자를 맨 뒤에 적지만, 가운데 기록하는 공동저자의 이름 순서에는 명확한 규정이 없다. 협의를 통해 순서를 정할 수 있다.

〈학술지논문 저자별 역할〉

구분	제1저자 / Lead Author	교신저자 / Corresponding Author	공동저자 / Co-Author
역할	– 연구를 가장 주도적으로 수행한 자 – 가장 많은 데이터를 제출한 자	– 학술지 편집자 또는 다른 연구자와 연락을 취하는 저자 – 책임저자 또는 프로젝트 책임자	– 제1저자와 교신저자를 제외한 나머지 연구자
책임	– 논문 내용에 대한 1차 책임	– 논문 감독 관리에 관한 책임 – 연구의 결과 및 증명에 관한 총괄 책임	– 비교적 가벼운 책임
기명 위치	– 가장 앞선 자리	– 가장 뒷자리	– 제1저자와 교신저자 사이의 중간 – 다수일 때 기여도 순

입학할 때와 졸업할 때

 대학원 입학생의 대부분은 대학원에 관한 정보가 상당히 부족한 상태에서 입학한다. 석사과정을 마치고 박사과정에 입학한 경우라고 크게 다르지 않다. 석사과정을 마치고 오랜 시간이 흐른 뒤 박사과정에 입학하면 학교생활이 낯설고 생소하다. 더구나 학교가 바뀌었거나 전공이 바뀐 경우라면 더 말할 나위가 없다. 입학하면 곧바로 시작되는 코스웍에 열중한다. 하루하루 수업에 참여하고 과제를 제출하는 것도 벅차다 보니 다른 생각을 할 겨를이 없다. 주위 많은 이들로부터 코스웍 기간에 학위논문 준비를 시작해야 한다는 충고를 듣지만 귀담아듣지 않는다.
 코스웍 자체만으로도 벅차 논문에 관한 계획은 눈에 들어오지 않는다. 우선 코스웍이라도 끝내놓고 다음 일을 생각하겠다는 마음이다. 코스웍 기간에는 지도교수에 관한 개념도 희박하다. 수업 참석이 첫째 목표고, 낙오하지 않고 수료까지 도달하는 다음 목표다. 지도교수도 코스웍 다른 교과 교수처럼 수업 시간에만 만나는 교수일 뿐이다. 지도교수에 관해 막연한 부담감은 느끼지만, 그 존재감을 제대로 인지하지 못한다. 그렇게 지내다가 코스웍을 마치고 나면 그렇게 속이 후련할 수 없다. 정해진 시간에 수업에 참여하고, 꼬박꼬박 과제물을 제출해야 하는 부담에서 벗어났다는 것만으로 작은 행복감을 느낀다.

코스웍을 마친 후부터 진정한 대학원 생활이 시작된다는 걸 얼마 지나지 않아 깨닫게 된다. 코스웍은 하나의 통과의례일 뿐 대학원 졸업을 위해 학위논문을 써서 통과해야 한다는 사실이 서서히 부담으로 오기 시작한다. 지도교수도 코스웍 때부터 논문 작성에 관해 질의하지만, 건성으로 듣기 십상이다. 당장 수업 참여와 과제 제출에 넋을 잃어 그렇다. 수료 후부터는 본인도 서서히 압박을 느낀다. 학위논문 주제와 연구방법 선택부터 지도교수와 본격적인 협의가 시작된다. 그러나 지도교수는 과외선생님처럼 세세하게 논문 작성을 가르쳐 주지 않는다. 논문 쓰는 법에 관해 배운 바가 없는데 어느 날 논문을 써야 할 처지가 되니 원생으로선 답답하기 그지없다.

지도교수는 원생끼리 조직한 스터디 그룹을 통해 논문 작성법을 배워야 한다고 충고할 뿐이다. 실제로 일반대학원 모든 학과에는 원생으로 구성된 스터디 그룹이 있고 매주 일정 시간 모여 논문 쓰기에 관해 학습한다. 이 외에 논문 쓰기를 지도해 주는 어떤 교과도 따로 존재하지 않는다. 지도교수는 논문의 방향을 논의해 주고, 수정해 주는 역할을 할 뿐 작성법을 가르쳐주지 않는다. 지도교수가 논문 작성법을 일일이 가르쳐주지 않는 건 어쩌면 당연하다. 교수는 할 일이 태산같이 많다. 지도해야 하는 원생의 수도 많다. 그들을 대상으로 조목조목 논문 작성법을 지도하는 건 불가하다.

논문 작성법은 원생 스스로 학습해야 한다. 혼자서 어려우니까 스터디 그룹을 결성해 거기서 학습하고 토론하며 익혀야 한다. 논문이란 어마어마한 장벽에 부딪혀 한 발짝도 나가지 못하는 상황을 맞으면, 대학원 시스템에 관해 회의를 느끼게 되고, 지도교수의 존재감에 대해도 부정적 생각에 휩싸인다. 어렵게 시간을 내 스터디 그룹에 참가해도 당최 알아들을 수 없는 얘기투성이다. 이 무렵 어색하고 불편한 단계를 극복하고 스터디 그룹에 계속해서 참여하는 원생과 참여를 포기하는 원생으로 갈린다. 참여 포기를 선택한 원생 대부분이 학위 취득에 실패하고 수료생으로 남게 된다.

석사과정은 코스웍을 마치면 바로 학위논문을 쓸 자격이 부여된다. 그러나 박사과정은 다르다. 코스웍을 마친 후 또는 코스웍 기간 중 학술지에 논문을 게재해야 한다. 게재란 원고를 제출해 심사를 통과하고, 학술지에 논문이 실리는 걸 의미한다. 논문 게재 실적은 학교마다, 학과마다 다르다. KCI(한국학술지인용색인) 등재 학술지에 논문 한 편을 싣는 게 절대 쉽지 않다. 지도교수의 도움 없이는 어렵다. 그래서 학술지 논문을 싣는 과정부터 지도교수와 교감이 본격화한다. 학술지 논문을 작성하며 논문이 무엇인가를 서서히 깨닫는다. 연구하고 논문을 작성하면서 학문의 길이 어렵다는 걸 실감한다.

논문지도를 받으며 지도교수의 학문 깊이와 폭을 이해하게 된다. 그러면서 존경심이 싹트기 시작한다. 하나의 연구 주제를 설정해 실험하고, 그 결과를 얻어 논문 쓰는 과정이 이렇게 어려운데 교수란 이걸 생활화하는 직업이란 사실을 깨닫게 되는 순간이다. 고생 끝에 한 편의 학술지 논문을 완성해 발표하면 지도교수를 비롯한 연구자에 대한 경외심이 한층 커진다. 특히 학술지 논문을 준비하는 과정에서 지도교수가 책임저자의 역할을 충실히 수행해 논문을 완성하고 최종적으로 학술지에 게재될 수 있게 이끌어 주는 과정을 체험하면서 지도교수에 대한 깊은 존경심이 싹트기 시작한다.

논문을 어떻게 쓰는 건지 몰라 애태우면서 지도교수에게 가졌던 서운한 감정도 이 무렵 녹아 없어진다. 논문 쓰는 법에 대해 어슴푸레 감이 잡히는 것도 이 무렵이다. 한편으로는 '학술지 논문 한 편 쓰는 게 이렇게 어려운데 학위논문을 어떻게 쓰나' 싶은 두려움이 커지는 것도 이때쯤이다. 학술 저널에 논문을 싣고 나면 한편 자신감이 생기지만, 다른 한편 논문이란 글에 두려움이 커진다. 박사과정 원생이라면 이 무렵 흔히 프로포절이라 칭하는 논문계획발표를 해야 한다.

이 발표를 통과해야 논문을 쓸 자격이 생긴다. 이때도 지도교수의 도움이 절실하다. 논문계획발표를 준비하고 실행하면서 원생은 많은 에너지를 소모하고 극도의 스트레스도 경험한다. 이때 지도교수는 원생을 보살펴 주고 손잡아주며 무사히 발표를 마칠 수 있게 지원군 역할을 한다. 논문계획발표를 마치고 나면 지도교수와 원생의 관계는 더욱 돈독해진다. 이때 비로소 원생은 지도교수의 존재감을 제대로 느낀다. 논문계획발표에 이어 본격적인 연구 활동과 집필 과정을 거쳐 논문을 완성해 간다. 논문을 거칠게나마 완성하고 나면 이때부터 다시 지도교수의 본격적인 가르침이 시작된다.

이후 학과 전체 교수와 대학원생이 모인 자리에서 논문을 공개발표하고, 이걸 통과해야 심사가 시작된다. 최종적으로 공개발표를 할 때도 지도교수의 도움과 역할은 지대하다. 논문을 쓴 원생의 처지에서 발표회장에서 있을 갖가지 지적 사항에 대비해 원생이 적절히 디펜스할 수 있게 지도한다. 원생이 최적의 환경에서 발표에 임할 수 있게 같이 마음 졸여 가며 준비를 돕는다. 계획발표를 할 때보다 최종 공개발표를 할 때는 긴장감이 더 크고 준비해야 할 것도 더 많다. 논문을 발표하는 원생은 극도의 긴장감으로 정신이 혼미해진다. 이때 마음을 추슬러주고 다독여 발표를 잘 마칠 수 있게 해주는 존재가 바로 지도교수다.

논문 최종 발표를 마쳐 통과되면 석사는 3명, 박사는 5명의 심사위원을 지정한다. 심사위원에는 지도교수가 포함된다. 지도교수 외 석사는 2명, 박사는 4명의 심사위원을 선정하는 데 원생과 지도교수가 협의해 위촉한다. 2차례의 심사를 진행하는 동안 원생은 위원의 융단폭격 지적 사항을 받게 된다. 정신 줄을 놓기 일보 직전 상태까지 엄청난 지적 사항이 쏟아진다. 이때도 지도교수는 심사받는 원생의 지원군이 된다. 심사라는 혹독한 통과의례를 치르면서 원생은 지도교수에 대한 깊은 감사와 존경을 느낀다. 지도교수가 옆에서 지켜봐 주며 지원군 역할을 해준다는 사실만으로도 큰 위안이 된다. 지도교수와 돈독한 사제의 정은 이때 깊어진다.

입학해 코스웍할 때 원생에게 지도교수의 존재감은 미미하다. 코스웍을 마치고 학위논문을 준비하는 과정에서 지도교수에 대한 존재감을 서서히 느낀다. 논문 계획발표와 공개발표라는 두 개의 커다란 관문의 통과를 준비하면서 지도교수의 존재감이 서서히 각인된다. 심사라는 혹독한 과정을 치를 때는 가장 크게 의지하는 존재가 된다. 원생은 논문을 준비하면서 교수의 깊은 학문 세계를 조금씩 이해한다.

그러면서 절로 존경심이 생긴다. 지도교수에 관한 깊은 존경심이 생기기 시작했다면, 그 원생은 졸업이 임박한 거다. 지도교수에 대한 존경심을 일찍 느끼는 원생이 그만큼 일찍 졸업한다.

청탁금지법과 지도교수

대한민국 국민이 '김영란법'이란 별칭으로 잘 알고 있는 '청탁금지법'의 공식 명칭은 '부정청탁 및 금품 등 수수의 금지에 관한 법률'이다. 2012년 당시 김영란 국민권익위원장이 제안한 후 2년 반이라는 오랜 논의를 거쳐 2015년 1월 8일 국회 정무위원회를 통과해 같은 해 3월 3일에 국회 본회의를 재석의원 247명 중 찬성 228명(찬성률 92.3%), 반대 4명, 기권 15명으로 통과하여 1년 6개월의 유예기간을 거친 후 2016년 9월 28일 시행된 법률이다. 모든 공직자와 공직을 위임받아 직무를 행하는 모든 이에게 적용하는 법률로 사립학교 교원을 포함한다. 대학교수도 당연히 법 적용 대상이다.

청탁금지법의 발효는 대학 문화에도 적지 않은 영향을 끼쳤다. 엄밀히 논하면 대학보다는 대학원 문화에 더 큰 영향을 끼쳤다. 학교마다 학풍이란 게 존재한다. 대학마다 묘한 학풍의 차이가 있고, 학과마다 다른 양상을 보이기도 한다. 사제관계가 아주 근엄하고 엄격한 학과가 있는가 하면, 한결 자연스럽고 편한 분위기도 있다. 아주 드물게는 교수와 학생 또는 원생의 관계가 지극히 수직적이어서 뚜렷한 상하관계가 구축된 곳도 있다. 이런 학과는 학생이나 원생이 교수를 극진히 접대하고 선물 공세를 펴는 게 일상으로 받아들여진다. 하지만 이는 옛이야기로 남아있다.

청탁금지법 시행 이후 교수는 학생이나 원생에게 어떤 향응이나 선물을 받을 수 없다. 심지어는 음료수 한 병도 받아선 안 된다. 교수는 평가하는 위치고, 학생이나 원생은 평가받는 위치기 때문이다. 스승의 날 손수건 한 장도 받을 수 없다. 음식 대접도 철저히 금지된다. 청탁금지법은 국·공립대학은 물론이고 사립대학까지 적용 대상이다. 과거를 기준 삼아 음식을 대접하고, 선물을 전달하는 건 범법행위가 된다. 청탁금지법은 대학 학부보다는 대학원에 직접적이고 큰 영향을 끼쳤다. 과거 대학원에는 교수 대접 문화가 있었다. 정기적으로 음식을 대접하고, 선물을 전달하는 게 당연시됐다.

학위논문 심사를 앞둔 원생은 지도교수를 비롯한 교수들에게 비싼 고급 음식을 대접하기도 하고, 고가의 선물을 제공하기도 했다. 심지어는 논문심사 때 교통비 명목으로 대가를 지급하는 일이 공공연히 일어나기도 했다. 그러나 이는 이미 오랜 옛이야기가 됐다. 관행이라는 이름으로, 또는 작은 대가라고 여겨 가벼운 마음으로 무언가를 주고받으면 훗날 문제가 될 수 있다. 대학원도 청탁금지법을 철저히 지키고 있다. 청탁금지법 발효 전에 학위를 얻은 이들은 지도교수를 비롯해 교수들에게 접대하느라 고통스러웠던 경험을 이야기하곤 한다. 특히 논문 심사위원에게 골프 접대를 하고, 한정식이나 일식 등 고급 음식점에서 음식을 대접하고, 심지어는 유흥업소에서 향응을 제공하기도 했다고 한다.

그러나 이런 일은 호랑이 담배 피우던 시절의 얘기가 됐다. 이제 대학원에서 이런 접대문화는 사라졌다. 엄격한 관리시스템이 적용되고, 엄정한 심사가 진행될 뿐이다. 논문 심사 때 말고 평상시에도 부당한 접대문화는 사라졌다. 청탁금지법은 대학원 문화를 단숨에 바꿔 놓았다. 청탁금지법이 발효돼 접대문화가 사라진 이후 학사관리와 논문 심사는 한결 엄격해졌다. 학생이나 원생의 금전적 부담을 줄어들고, 학사관리는 엄격해진 게 청탁금지법의 효과다. 물론 청탁금지법 발효 이전이라고 해서 모든 학교 모든 학과에 부정과 비리, 청탁과 술수가 난무했던 건 아니다.

과거에도 교수와 원생이 함께 식사할 때도 평범한 음식점을 이용하고, 때로는 식사비를 교수가 내는 예도 많았다. 부당한 요구는 없었고, 학사관리도 엄정하게 했다. 그런 학과의 전통을 자랑스럽게 생각하고, 지켜나가기 위해 노력하는 예는 많았다. 다수의 학과가 그런 전통을 유지하고 있다. 지극히 일부 학과에 학생이나 원생의 향응이나 선물을 받는 문화가 있었다고 여긴다. 대학은 일반 사회와 구분되는 문화가 있다. 과거에도 학자집단으로 선비정신을 추구하는 곳이 더 많앉다. 청탁금지법이 발효되면서 일부 존재했던 부정한 문화가 사라진 것뿐이다. 교수는 학문적 자존심이 강한 직업군이다. 과거 일부에서 행해진 잘못된 관행이 아직도 남아있을 거로 염려할 필요는 없다.

제4장

논문이 뭐길래

논문이란 어떤 글인가

　일반인이 교양과 상식을 얻기 위해 택하는 방법은 전문가의 의견을 듣거나, 책을 읽는 방법이다. 여기에 더해 인터넷으로 자료를 찾아 활용하거나, 유튜브 등 동영상 플랫폼에 업로드된 자료를 참고하는 방법도 있다. 정보가 넘쳐나 일일이 수용하기 어렵다. 시중의 도서나 인터넷 등을 통해 확보한 정보는 얼마나 신뢰할 수 있을까. 일반적인 사람이라면 크게 의심하지 않는다. 정보를 제공한 사람이 자기 이름을 걸고 올린 자료이니 어느 정도 신뢰할 수 있다고 여긴다. 인터넷 검색을 통해 확보한 출처 불명의 자료는 반신반의하지만, 출판 과정을 거쳐 세상에 나온 책에 담긴 정보는 별다른 의심 없이 수용하려는 자세를 보인다.
　그러나 학계는 다르다. 책도, 인터넷 자료도 일단은 의심하고 본다. 그럼 의심하지 않고, 신뢰하는 자료는 무얼까. 학계에 몸담은 이들의 도드라진 특징은 검증된 자료가 아니면 신뢰하지 않는다는 점이다. 과학적으로 검증된 실험방법을 통해 확실한 근거를 제시했을 때만, 자료로서 가치를 인정한다.

그게 논문이다. 논문은 단 한 구절도 검증되지 않은 사실을 담지 않는다. 학문하는 이들은 어떤 결과를 받아들일 때 의심부터 하는 습관이 있다. 이 결과가 과연 과학적인 방법으로 검증된 것일까, 의심한다. 과학적 실험을 거치지 않은 결과라면 믿지 않으려 한다. 그저 개인의 주장일 뿐이라고 여긴다.

연구는 우리가 모르는 걸 찾아내는 행위다. 연구의 본질은 모르는 것을 아는 것으로, 바꾸는 행위다. 비 과학적 추측은 허용되지 않는다. 논문은 실험을 통해 얻은 결과만 수록한다. 여기서 말하는 실험이란 비단 자연과학적 실험만 의미하는 건 아니다. 인문이나 사회계열에서 사용하는 문헌 고찰이나 설문조사 또는 심층 면담 등도 과학적 실험의 범주에 속한다. 과학적 실험을 통해 얻은 결과를 논리적 언어로 풀어낸 글이 논문이다. 세상에 발표된 수많은 논문은 예외 없이 실험을 통해 얻은 결과물이다. 물론 논문에 실린 글이라 해서 모두를 맹목적으로 신뢰하는 건 아니다. 실험방법에 의문이 있거나 객관적이지 못하다고 생각하는 내용이 담긴 논문은 불신하기도 한다.

학계는 자신이 수긍할 수 없는 논문이 발표되면, 반박 논리를 담은 논문을 발표해 제시하기도 한다. 이게 학문 활동이고, 이런 과정은 학문의 성장과 발전을 도모한다. 논문은 학계에서 통용되는 소통의 수단이다. 그러나 학계에서만 그걸 활용하고 적용한다고 생각하면 오산이다. 논문을 통해 학계에 보고된 내용은 전문가에 의해 검증된 자료이기 때문에 세상에 널리 활용된다. 정책에 활용되기도 하고, 기업이 활용해 신제품을 만드는 데 쓰기도 한다. 일반적인 서적이나 인터넷 자료 등에 기록된 자료를 주로 활용하는 일반인은 논문을 접할 기회가 적지만, 논문은 의외로 많은 곳에서 활용된다.

또, 논문은 다른 논문을 작성하게 하는 동기 제공을 한다. 이제껏 연구되지 않은 새로운 사실을 연구하고자 할 때 기존 발표된 논문을 검색하는 건 기본이다. 자기가 확신하는 실험 결과와 상반된 결과를 제시한 논문이 있으면, 이 때도 논문을 써서 반박한다. 논문이 아닌 형태의 말과 글로 반박하는 건 학계에서 받아들이지 않는다. 논문은 가장 객관적인 글이다. 저자가 자기 생각을 쓰는 글이 아니다. 실험을 통해 밝힌 사실만 쓰기 때문에 자기 생각이 들어갈 자리가 없다.

2024년 현재 국내에서 2800개가 넘는 등재 또는 등재 후보 학술지가 있고, 여기에 연간 수천 건의 논문이 발표된다. 학계에서 벗어나 있는 일반인은 논문을 접할 기회가 없어 논문이 그렇게 많이 발표된다는 사실에 놀란다. 직접 활용해 본 경험이 없어서, 그 많은 논문이 어디서 어떻게 활용되는지 궁금해한다. 그러나 논문은 일반인이 생각하는 것보다 훨씬 광범위하게 활용된다. 대학원은 석사과정이든 박사과정이든 모두 논문이 교과서이다. 모든 학습은 논문을 중심으로 이루어진다. 한 편의 논문을 작성하려면 자기가 연구하고자 하는 분야와 관련해 이미 세상에 발표된 논문을 폭넓게 읽어야 한다. 읽는 데서 그치는 게 아니라 이미 발표된 논문을 적극 활용해 자기가 쓰고자 하는 논문의 방향을 제시해야 한다.

연구 결과를 쓸 때도 기존의 발표 논문과 비교해 가며 무엇이 같고, 무엇이 다른지 설명해야 한다. 학계의 연구 활동은 논문으로 이어져 있다. 논문을 읽고 새로운 사실을 알게 되고, 논문을 읽고 새로운 의문을 품게 된다. 그 의심을 새로운 실험과 연구로 풀어내 논문을 통해 세상에 발표하게 된다. 논문이란 검증된 실험 결과가 꾸준히 발표되면서, 인류는 꾸준히 성장하고 발전했다. 개인의 주장은 참고 사항일 뿐 과학적 근거가 없다는 게 학계 구성원의 생각이다. 대학원에 다니며 그런 사고를 고착한다. 논문이 아닌 주장을 의심하는 습관이 길러진다.

대학원생은 재학 기간 내내 논문을 교재 삼아 학습하고, 논문을 발제해 발표하고 토론하며 학계 일원이 되기 위해 훈련한다. 대학원생의 최종 목표는 연구를 통해 새로운 사실을 찾아내고, 그걸 논문으로 작성할 줄 아는 능력을 기르는 것이다. 대학원 재학은 논문과의 씨름이다. 과학적 실험을 통해 연구 성과물을 내고, 그걸 논문으로 작성해 학계에 보고하는 게 학문 활동이다. 논문과 일반 저서의 차이점은 극명하다. 논문은 근거가 분명한 실험 결과인 데 반해, 도서는 개인의 주장을 담아낸 출판물이 대부분이다. 도서 가운데는 논문 형식으로 작성한 학술 도서도 존재한다. 학술 도서는 논문과 같이 출처와 연구 결과물을 정확히 제시하는 게 특징이다.

논문은 참고문헌을 명확히 밝히는 게 기본이다. 참고문헌을 밝히는 건, 학술적으로 검증된 내용을 참고하여 작성했음을 확인하는 것이다. 참고문헌은 논문이나 학술 도서 외에 정부나 지방자치단체 등이 발표한 공식 통계, 언론 보도문 등을 사용한다. 그러나 언론 보도문조차 작성자의 사견이 개입돼 근거가 명확하지 않을 수 있다는 이유로 여간해 참고 자료로 활용하지 않는다. 그만큼 논문은 학술적 근거를 중요시한다. 간혹 제시된 이론에 대해 참고문헌을 정확히 표기하지 않은 경우, 호된 공격을 받을 수 있다.

또한 참고문헌을 제대로 밝히지 않고, 자신의 주장인 양 기록하면 표절 시비에 휘말리기도 한다. 참고문헌의 정리는 초보자가 논문을 쓸 때 가장 어려워하는 부분이기도 하다. 논문에 익숙하지 않으면 자꾸 검증되지 않은 사실을 언급하고 싶어 한다. 자기가 평소 느끼고 생각한 부분이 진실이라고 여기기 때문이다. 학문 활동을 하다 보면 그런 습관이 차츰 사라진다. 논문을 통해 얻은 지식이 아니라면 일단 의심하고 보는 버릇이 생긴다. 그건 학문의 세계로 접어들고 있다는 방증이다. 논문을 통해 새로운 사실을 밝혀내고 싶고, 상대의 주장에 반박하고 싶은 욕구가 솟구치면, 학자가 돼가고 있는 거다.

피드백feedback과 코멘트comment

　대학원은 논문 쓰기를 배우는 곳이다. 혼자 연구하고, 연구 결과물을 논문이란 형식의 글에 맞춰 쓰고 학계에 보고하는 방법을 배우는 곳이다. 모든 학습 과정이 논문에서 시작해 논문으로 마무리된다. 그러나 한 편의 논문을 작성하는 게 그리 만만치 않다. 여러 편의 논문을 작성하다 보면 서서히 익숙해지겠지만, 대학원에 처음 입학한 원생이라면 논문은 큰 산일 뿐이다. 일반대학원에서 석사과정을 마쳤다면 그나마 낫다. 논문으로 학습하는 게 익숙해 있을 테고, 석사논문을 직접 작성하면서 깨달은 바도 많았을 것이기 때문이다. 하지만 그렇지 않은 경우라면 논문을 쓴다는 건 참으로 어려운 일이다.

　석사 졸업하고 오랜 시간이 지난 후에 박사과정에 입학했더라도 어려움이 크다. 일반대학원이라면 학과마다 또는 세부 전공마다 스터디 팀이 꾸려져 있다. 1주일에 1회 정도 정해진 시간에 모여 주제를 정해 논문을 공부하는 모임이다. 박사과정 원생이 돌아가며 리더를 맡는다. 최근에는 온라인을 통해 스터디를 진행하는 사례도 많다. 스터디는 코스웍과 무관하게 참여한다. 코스웍을 통해 전공과 관련한 학습을 하지만, 스터디는 대개 논문 쓰기에 관해 학습한다. 코스웍 어디에도 논문 쓰는 법을 가르쳐 주는 수업은 없다. 논문 쓰기는 대단히 어려워서 혼자 힘으로 익히기 어렵다. 그래서 원생이 모여 스터디 팀을 만들어 논문 쓰기에 관해 학습한다.

직장을 가진 시간제 원생이라면 정규 코스웍도 참여하기 어려운데 스터디까지 꼬박 참여하는 게 여간 어렵지 않다. 그렇지만 누가 시켜서라기보다는 자신을 위해, 논문 작성법을 익히기 위해 참여하는 거다. 스터디의 운영 형태는 다양하다. 평소에는 전공과 관련한 논문을 읽고 토론하는 형태다. 누군가 논문을 발제[3]해 발표하면 그 내용을 토론하는 형식이다. 또, 스터디 멤버인 원생이 학술지 논문 또는 학위논문을 준비하면서 논문 초고를 발제하면, 그에 관해 각자의 의견을 제시하는 형태도 있다. 이때 더 좋은 논문 작성을 위해 각자의 의견을 전달하는 걸 피드백[4] 또는 코멘트[5]라 한다. 다른 이가 작성한 논문 초고를 읽고 각자 느낀 바를 작성자에게 전달해 논문의 완성도를 높일 수 있게 해주는 과정이다.

코멘트는 논문의 내용과 형식이 주류를 이루지만, 그 외도 발표할 학술지의 성향, 지도교수가 강조하는 부분 등을 포함

---

3. 토론회나 연구회 따위에서 어떤 주제를 맡아 조사하고 발표함.
4. 진행된 행동이나 반응의 결과를 본인에게 알려 주는 일.
5. 남의 말이나 글, 사건 등을 간단히 평가하거나 논하여 언급함.

하기도 한다. 논문을 작성할 때 작성자의 눈에 보이지 않는 부분이 타자의 눈에는 보일 수 있다. 그러니 많은 코멘트를 받는 건 좋은 논문을 쓰는 필요조건이 된다. 내가 좋은 코멘트를 받으려면 나 역시 타자의 논문을 읽고 코멘트해 주어야 한다. 부족한 부분이 무엇이고, 개선해야 할 부분이 무언지 의견을 나누면서 논문의 완성도는 높아져 간다. 또한, 타자의 논문을 보고 부족한 부분을 발견하고 코멘트하면서 논문에 대한 이해도를 높여 나간다. 여러 차례 반복적으로 발제하고, 피드백하는 사이 논문이 뭔지, 알아가게 된다.

결국 논문 쓰는 방법을 익히고, 논문이란 글에 관해 알아가는 건 스터디 참여를 통해 성취할 수 있다. 여럿의 의견을 참고하면 본 발표에 앞서 논문의 질을 끌어올릴 수 있다. 피드백과 코멘트는 대학원 재학 중 무한 반복된다. 원생끼리만 코멘트를 주고받는 건 아니다. 지도교수를 포함해 다수의 교수도 수시로 코멘트를 준다. 원생의 처지에서 같은 원생의 코멘트보다 교수의 코멘트는 가치가 있다. 교수는 평생 연구하고 평생 논문을 쓰며 살겠다고 다짐한 사람이다. 그들의 뇌에는 논문에 관한 생각으로 가득 차 있다.

한 마디로 논문의 고수다. 논문 고수의 눈에는 원생의 논문이 훤히 보인다. 마치 고층 꼭대기에서 저층을 내려다보는 것처럼. 그러니 교수의 피드백을 받을 기회가 있으면 단 한마디도 놓치지 말고 모두 기록했다가 논문에 반영해야 한다. 교수의 코멘트를 반영하는 게 논문을 잘 쓸 수 있는 가장 빠른 길이다. 피드백을 받을 때 듣기 좋은 말만 오갈 수는 없다. 오히려 쓴소리가 거침없이 오간다. 실제로 좋은 코멘트는 작성자가 미처 알지 못하는 부분을 신랄하게 비판해 주는 내용이라야 한다. 좋은 점을 지목해 주는 코멘트도 있겠지만, 극히 제한적이다.

원생이 논문을 쓰는 데, 허점투성이다 보니 비판을 받을 수밖에 없다. 부족함을 지적하는 호된 피드백을 받았다고 해서 낙심하면 안 된다. 기죽어도 안 된다. 논문을 발제하고, 혹독한 피드백을 받는 건 대학원생에게 숙명과도 같은 일이다. 코멘트를 주는 이들은 무척 많은 시간과 에너지를 소모해 가며 준비했다. 그러니 어떤 내용이든 코멘트를 주는 이에겐 오히려 고마운 마음을 가져야 한다. 많은 코멘트를 받고, 그걸 자기 논문에 반영하는 자세를 습관화할 때 논문 쓰는 능력을 향상할 수 있다.

학위논문과 학술지논문

　논문의 종류는 크게 두 가지로 나뉜다. 학위논문과 학술지 논문이다. 학위논문은 대학원생이 석사나 박사학위를 얻기 위해 발표하는 자격 논문이다. 석사의 경우 대학원 특성에 따라 학위논문을 별도로 쓰지 않고도 학위를 얻는 사례가 있으나, 일반대학원은 석사라도 반드시 학위논문을 통과해야 졸업 조건이 갖춰진다. 박사는 예외 없이 학위논문을 써야 하고, 그 논문이 심사를 통과해야 비로소 박사학위를 얻을 수 있다. 정상적으로 박사과정을 밟았다면 논문을 혼자 쓸 줄 아는 게 당연하다.

　학위논문은 학위를 얻기 위한 필수 절차이다. 원생이 지도 교수의 지도를 받으며 작성하는 논문이고, 분량은 학술지논문과 비교해 몇 곱절 많다. 석사학위논문은 적어도 50~60 장, 박사학위논문은 150장 이상은 돼야 한다. 석사학위논문은 대개 100~150장, 박사학위논문은 150~400장 정도가 적정 분량이다. 이처럼 학위논문의 분량이 많은 건, 여러 이유가 있다. 학위논문은 연구자인 원생이 자신의 연구 주제에 대해 독립적으로 수행한 연구의 전 과정을 상세히 설명하는 걸 원칙으로 하기 때문이다. 또, 연구자가 해당 분야와 관련해 깊이 있는 이해를 하고 있음을 보여줘야 하는 것도 다른 이유이다.

학위논문은 연구방법론, 실험 설계, 자료 수집 및 분석 방법 등을 매우 자세하게 기술해야 한다. 학위논문은 연구자인 원생이 학문적 자격을 갖추었음을 증명하기 위한 것으로, 연구의 철저함과 깊이를 강조한다. 연구자는 자신의 연구가 학문적으로 기여한다는 점을 명확히 해야 한다. 이를 위해 많은 데이터와 다양한 분석을 포함할 필요가 있다. 학위논문은 대학이나 학위 프로그램에서 요구하는 형식에 맞춰 제출한다. 이에 따라 상세한 내용을 포함한다. 학위논문은 연구의 전체적인 맥락과 과정을 명확히 보여주는 문서로, 깊이 있는 분석과 광범위한 문헌 검토를 포함해야 하므로 길이가 더 길어질 수밖에 없다.

학술지논문의 분량이 적은 이유는 학위논문의 분량이 많은 이유와 반대다. 대개 학술지 논문은 출력물이 20장 이내이다. 부득이 20장을 넘기기도 하지만 대개 20장 이내로 구성된다. 학술지 논문은 특정 연구 결과나 가설을 발표하는 데 초점을 맞추기 때문에 연구의 핵심적인 부분만 간결하게 다룬다. 연구의 모든 배경이나 상세한 분석을 생략하는 게 일반적이다. 연구 결과가 갖는 의미와 그 영향, 제한점, 향후 연구 방향 등에 대해 자세히 다루지 않는다. 학위논문은 학계에 발을 디디려는 자가 지구력을 갖고 방대한 분량의 글을 쓰는 능력을 검증하려는 경향도 강하다. 학술지논문은 그런 능력 검증과는 거리가 멀다.

  학계는 글로 소통하는 세계다. 글쓰기는 학계 구성원으로서 가져야 할 기본 중의 기본 사항이다. 도서 한 권 분량의 글을 흔들림이 없이 집필할 수 있는지, 능력을 평가하려는 이유도 포함된 듯하다. 박사학위논문을 준비할 때 자료 확보를 위해 내가 쓰고자 하는 연구 분야와 관련한 많은 논문을 선별해 출력한다. 이 무렵 초보 연구자는 박사학위논문을 위주로 선별한다. 내가 준비하는 논문이 박사학위논문이니, 역시나 박사학위논문을 많이 읽어야 한다고 생각하는 거다. 그러나 그게 불찰인지는 한참이 지나고 알게 된다. 방대한 분량의 학위논문은 출력해 보관하는 것, 자체도 부담스럽다. 그보다 부담스러운 건 그 엄청난 분량의 논문을 읽어야 한다는 거다. 학위논문은 숙련된 연구자가 작성하는 학술지 논문에 비해 중량감이 많이 떨어진다.

  학위논문은 분량이 많고, 쓰는 데 고역이지만 결국 정식 학술논문의 범주에 들지 못한다. 학위논문은 통과의례 글이다. 그래서 논문이라기보다는 단행본 취급을 받는 게 현실이다. 학위논문은 개인의 연구 실적으로 등록되지 않는다. 한 연구자가 몇 편의 논문을 작성했는가를 헤아릴 때 학위논문은 카운팅의 대상이 아니다. 학계에서 흔히 말하는 논문이란 학술지논문을 일컫는다. 연구의 성과는 학위논문이 아닌 학술지 논문으로 평가받는다. 그래서 학위논문이 심사를 통과하고 나면 이를 축약하고 간소화해 학술지 논문으로 재구성해 게재 심사를 받는 일이 일반적이다. 학위논문을 쓸 때 대단히 고생스러운 건 맞지만, 학술적으로 평가받지는 못한다.

연구자의 세상인 학계는 논문으로 대화하고 소통한다. 연구 결과는 논문으로 입증되고 평가받는다. 연구자라면 학술지에 논문을 게재하는 게 최우선의 할 일이다. 박사학위를 받았고 연구자 반열에 오른 후 꾸준히 새로운 연구를 진행하고, 그 연구 결과를 논문으로 발표해야 한다. 그래야 진정한 학계 일원으로 인정받을 수 있다. 일반 저서가 대중을 대상으로 발표하는 교양과 상식이라면, 학술지 논문은 학계에 보고하는 검증된 새로운 지식이다.

대학 교수나 전문 연구원 등을 평가할 때 최우선 기준은 얼마나 저명한 학술지에 얼마나 많은 논문을 게재했는가이다. 학위논문은 그저 참고 사항일 뿐, 학위논문을 학술적 업적을 가늠하는 기준으로 사용하지 않는다. 현대사회 모든 글쓰기는 간결성과 명료성을 요구한다. 불필요한 글을 과감하게 줄이고, 꼭 필요한 부분만 요약 정리해서 쓰는 글이 잘 쓰는 글이다. 논문도 그러하다. 학술지논문은 분량이 적고 내용이 간결하지만, 학위논문과 비교해 학술 가치와 비중은 오히려 크다. 그래서 학위논문을 작성하며 기존 논문을 참고할 때, 학술지 논문을 주 참고 자료로 활용해야 한다. 그래야 더 빠르게, 더 실효적인 논문 쓰기가 가능하다. 타인의 학위논문은 형식을 참고하는 데 활용하는 것으로 족하다.

〈학위논문과 학술지논문의 차이〉

구분	학위논문	학술지논문
분량	석사논문 100쪽 내외 박사논문 300~500쪽	20~30쪽
목적	학위 취득을 위한 종합적 연구 결과물	특정 연구결과를 학계에 공유
내용	연구 배경, 방법론, 결과에 대한 상세한 설명 포함	핵심 연구 결과와 논점에 집중
타깃	심사위원과 해당 분야 전문가	폭넓은 학계 독자층
시간	수년에 걸친 연구결과 종합	짧은 기간 내 작성 및 출판
제약	분량 제한 느슨	분량 제한 엄격

학술지의 종류와 등급

세상에는 아주 많은 학술지가 존재한다. 그러나 학술지라도 다 같은 학술지가 아니다. 나름의 등급이 존재한다. 학술지의 등급을 나누는 이유는 간단하다. 학문적 권위와 영향력을 평가하고, 그것을 연구자에게 공개하려는 거다. 학술지의 등급을 나누는 데 주로 사용하는 기준은 피인용지수(Impact Factor, IF), 국제적 인정 여부, 학술기관의 평가 등이다. 그러나 학문 분야에 따라 평가 방식이 다를 수 있다는 점은 염두에 두어야 한다. 같은 잣대로 학술지의 중량을 절대화해 평가하면 안 된다.

박사과정 원생이라면 학위논문을 쓰기에 앞서 학교와 학과가 정한 기준의 학술지에 논문을 게재해야 학위논문을 쓸 자격을 얻는다. 논문의 등급이나 건수는 학교 통상 기준이 있지만, 학과가 정하기도 한다. 학과가 학교 기준보다 낮춰 정하는 일은 없다. 학과 기준을 뛰어넘는 기준과 분량을 지도교수가 요구할 수도 있다. 지도교수의 기준이 최우선이다. 지도교수가 학과 요구치보다 높은 수준의 논문 게재를 원할 수도 있다. 그럴 때는 지도교수의 뜻에 따라야 한다. 대학원에서 원생의 나아갈 방향은 지도교수가 정한다는 점을 명심해야 한다.

학술지는 우선 국제 학술지와 국내 학술지로 나눈다. 흔히 국제 학술지를 SCI, 국내 학술지를 KCI라고 칭하는데 엄격히 분류하면, SCI와 KCI는 국제와 국내를 대표하는 학술지라고 해야 옳다. SCI급이라고 칭하는 국제 학술지 목록에는 과학과 공학 분야의 주요 학술지인 SCIE(Science Citation Index Expanded)와 사회과학 분야인 SSCI(Social Sciences Citation Index), 인문 및 예술 분야인 A&HCI(Arts & Humanities Citation Index)가 있다.

이들은 하나같이 국제적으로 높은 평가를 받는 학술지 목록으로 글로벌 시장에서 정보와 분석 서비스를 제공하는 회사인 'Clarivate Analytics'가 관리한다. 피인용지수(IF·Impact Factor), 논문의 질적 수준, 학문적 기여도 등이 평가 지표로 활용된다. SCOPUS는 세계적으로 유명한 학술 출판사이자 정보 분석 회사인 'Elsevier'가 제공하는 학술논문 데이터베이스로, SCIE·SSCI·A&HCI보다 포괄적인 목록으로 평가된다. 피인용지수, 국제적 논문 수록 여부를 기준으로 평가한다. 이밖에 특정 학문 분야의 저명 학회가 발행하는 학술지인 국제적 전문 학회 저널이 있다. IEEE·ACM·AMA·APS·ASME 등이다.

국내 학술지는 대한민국 학술지와 연구 논문의 인용 정보를 수집, 분석하여 학문적 영향력을 평가하는 국가 차원의 학술 정보 서비스인 KCI(Korea Citation Index·한국학술지인용색인)가 기준이다. 한국연구재단이 관리하는 국내 학술지의 평가 체계로 KCI 등재지, KCI 등재 후보지, 일반학술지(기타 학술지)로 구분한다. 등재지는 연구재단의 엄격한 평가를 통과한 학술지로 일반적으로 학계가 언급하는 학술지라 하면 등재지를 칭한다. 등재지는 아니지만, 향후 등재 가능성이 있는 학술지를 등재 후보지라 한다. 등재 후보지 또한 등재지 못지않은 권위를 인정받는다. 일반학술지는 등재지 또는 등재 후보지가 아닌 나머지 학술지를 칭한다. 일반학술지는 한국학술지인용색인에서 검색할 수 없고, 논문을 찾기 어렵다. 발행 학회도 활동을 멈추고 예고 없이 사라지는 사례가 자주 있다.

그래서 일반대학원 박사과정은 등재 후보지 이상의 학술지에 논문을 실었을 때, 인정해 준다. 학계에 발표한 논문은 얼마나 자주 인용되고 있는지가 중요하다. 그만큼 학술 가치가 높다고 보기 때문이다. 그래서 얼마나 자주 인용되는지 나타내는 지표를 개발해 활용하고 있다. 그 지표는 Impact Factor로 흔히 IF라고 부른다. IF가 높다는 건 학술지의 영향력과 권위를 반영한다. 특정 학술지의 논문 수와 피인용 수의 균형을 나타낼 때는 연구자의 생산성과 학문적 영향력을 동시에 측정하기 위한 지표로, 특정 연구자가 발표한 논문 중 얼마나 많은 논문이 꾸준히 높은 인용 횟수를 기록하고 있는지를 나타내는 'h-index'를 쓴다.

h-index가 20인 경우, 최소 20편의 논문이 각각 20회 이상 인용되었음을 의미한다. 피인용지수 외에 학술지의 전체적 영향력을 평가하는 'Eigenfactor' 및 'Article Influence Score'도 있다. 논문을 완성한 후 게재할 때는 학술지 등급을 잘 선택해야 한다. 국제적 학술 활동에 필요한 논문은 국제 저널(SCIE/SSCI) 등재를 목표로 해야 하고, 국내 학문 활동에 필요한 논문은 국내 연구재단의 KCI 등재 또는 등재 후보 학술지를 선택해야 한다. 해당 분야에서 권위 있는 학술지를 선택하는 건 당연하다.

연구방법론

 학문을 흔히 '진리 탐구'라고 표현한다. 진리란 '논리의 법칙에 모순되지 않는 바른 판단'이라고 사전은 밝히고 있다. 이를 바탕으로 학문 활동이 무엇인지 유추해 보면 '논리적이고 과학적인 방법을 통해 바른 판단을 찾아내는 일'이라고 할 수 있다. 여기서 강조하는 건 '논리적이고 과학적인 방법'을 써야 한다는 점과 바른 판단을 목표로 삼아야 한다는 점이다. 진리를 탐구하는 학문의 세계는 논리적이고 과학적인 방법을 동원해야 한다. 미신이 진리일 수 없듯이 과학적이지 않은 어떤 주장도 학문의 세계는 수용하지 않는다.
 그래서 연구 활동할 때는 반드시 과학적인 방법을 동원해야 하고, 그 결과를 논문으로 쓸 때는 논리적이어야 한다. 요건을 충족하지 못하면 연구논문이라 할 수 없다. 연구자가 논문을 쓰고자 할 때 어떤 연구 방법을 택할 것인지를 정해야 한다. 연구 방법은 자료 수집 방법에 따라 설문조사, 면담, 관찰, 문헌 분석, 실험 등으로 구분한다. 인문·사회계열과 자연계열이 전혀 다를 거로 생각하기에 십상이지만, 실상 크게 다르지 않다. 과학이란 점은 같다. 그래서 인문계열 학문을 인문과학, 사회계열 학문을 사회과학, 자연계열 학문을 자연과학이라 부른다.

'설문조사'는 대규모 샘플을 대상으로 질문지를 사용해 데이터를 수집하는 방법이다. '면담'은 연구자가 연구 대상인 연구참여자와 직접 대화를 통해 데이터를 수집하는 방법이다. 면담은 개방형과 폐쇄형 질문으로 구분한다. '관찰'은 연구자가 연구 대상인 특정 인물의 행동을 직접 관찰하여 데이터를 수집하는 방법이다. 자연계열의 '관찰'은 사람이 아닌 생태, 지질, 기상 등 자연 현상을 대상으로 한다. '문헌 분석'은 기존의 문헌이나 기록을 분석하여 데이터를 수집하는 방법이다. 자연계열은 기존의 데이터를 활용해 분석하는 방법을 쓴다.

수집된 자료는 분석 단계를 거쳐야 의미 있는 성과로 연결된다. 자료 분석 방법은 연구의 목적과 설계에 따라 달라진다. 자료를 분석하는 방법은 크게 양적 분석과 질적 분석으로 구분한다. 두 가지의 구분을 간단히 설명하면, 데이터를 수치화·통계화할 수 있느냐의 여부다. 또한 도식화·정열화할 수 있느냐의 여부이기도 하다. 더 쉽게 설명하면 데이터를 엑셀 파일로 정리할 수 있는지 없는지로 구분하면 된다. 세부적인 연구방법론은 많지만, 크게 양분하면 양적연구(양적 분석법)와 질적연구(질적 분석법)로 나누는 게 일반적이다. 질적연구가 감성적인 면이 강해 과학적이지 못하다는 비판을 받았던 시절이 있었으나, 그런 논란은 이미 가라앉았다.

양적 분석법은 통계적 방법을 활용해 데이터를 분석한다. 숫자로 표현하는 데이터를 다룬다. 과학적이고 체계적인 접근 방식을 특징으로 한다. 양적 분석법의 특징은 연구자의 개인적인 편견이나 주관성을 배제할 수 있다는 점이다. 연구자 자의적 해석은 배제된 채 데이터의 수집과 해석이 객관적으로 이루어진다. 객관화할 수 있다는 건 일반화할 수 있음을 의미한다. 설문조사, 실험, 관찰 등에서 얻은 데이터를 수치로 변환해 분석하는 방식이다. 이를 통해 정량적 비교와 통계적 분석이 가능하다.

연구 절차와 도구가 표준화돼 있어 반복 가능성과 재현성이 높다. 명확한 가설을 설정하고, 이를 검증하기 위해 실험이나 데이터를 분석하는 방식이다. 대표성을 가진 표본을 사용해 연구 결과를 모집단에 일반화할 수 있도록 설계하는 게 특징이다. 양적 연구법의 가장 큰 특징은 연구결과를 일반화할 수 있다는 점이다. 독립변수[6]와 종속변수[7] 간의 관계를 규명하거나 인과관계를 밝히는 데 중점을 둔다. 대규모 표본과 데이터를 처리하여 복잡한 연구 문제를 다룰 수 있다.

이에 반해 질적 분석법은 심층적 탐구에 적합하다. 연구 대

---

6. 함수 관계에서, 다른 변수의 변화와는 관계없이 독립적으로 변화하고 이에 따라 다른 변수의 값을 결정하는 변수.
7. 독립변수의 변화에 따라 값이 결정되는 다른 변수. 예를 들어 함수 y=f(x)에 있어서 x가 변하는 데에 따라 바뀌는 y를 이른다.

상의 경험, 생각, 감정, 동기 등 내면적이고 복잡한 현상을 깊이 있게 이해할 수 있는 분석법이다. 수치가 아닌 텍스트, 이미지, 비디오, 인터뷰 녹취록, 관찰 기록 등 다양한 형태의 데이터를 분석한다. 가장 중요한 건 연구 대상이 속한 사회적, 문화적, 역사적 맥락에서 현상을 이해하려는 노력이다. 그러다 보니 면담이나 관찰의 대상인 연구참여자의 목소리, 경험, 관점을 존중한다. 연구자가 아니라 대상인 연구참여자의 관점에서 현상을 이해해야 한다. 데이터를 통해 새로운 이론이나 패턴을 발견하는 데 초점을 맞추며, 일반적으로 가설 검증보다는 현상을 탐구하고 설명하는 데 집중한다.

대규모 표본보다 특정 집단, 상황, 개인 등 소규모 집단을 깊이 연구한다. 현상을 깊이 이해할 수 있고, 인간의 복잡한 행동과 맥락을 잘 반영할 수 있을 뿐 아니라, 새로운 이론이나 통찰을 발견할 수 있다는 장점이 있다. 그러나 연구자의 주관이 결과에 영향을 미칠 가능성이 있어 일반화가 어렵다는 점은 단점으로 지목된다. 시간이 오래 걸리고 분석 과정이 복잡하다는 점도 단점으로 꼽힌다.

대학원 과정에서 반드시 수강해야 하는 과목이 연구방법론이다. 연구자는 자신이 연구하고자 하는 주제에 걸맞은 연구방법을 선택해야 하고, 선택한 방법으로 연구를 진행한다. 그래서 원생이 졸업을 위해 반드시 학위논문을 제출해 심사를 통과해야 하는 일반대학원은 코스웍 기간에 반드시 연구방법론을 수강하도록 규정한다. '양적연구 방법론' 또는 '질적연구 방법론' 등으로 명명된 강좌는 일반대학원 원생이라면 반드시 수강해야 한다. 연구방법론 강좌를 수강하는 건 권고가 아니라 필수다.

대학원에 입학하면서 바로 해야 할 일은 내가 어떤 주제로 학위논문을 쓸 것인가를 정하는 일이고, 다음은 어떤 방법으로 연구를 진행할 것인가를 정하는 일이다. 연구방법론 강좌를 수강했다고 해서 연구방법론을 모두 이해하는 건 불가하다. 양적연구나 질적연구나 세부적으로 들어가면 하부에 여러 종류의 연구 방법이 존재하기 때문에, 그 방법을 모두 익힐 수는 없다. 그래서 연구자는 자기가 선택한 연구방법론에 관해 별도로 많이 학습해야 한다.

학술지에 논문 싣기

대학원 박사과정을 마치고 학위를 얻은 이에게 "대학원 시절 가장 어려웠던 점이 무엇이냐?"고 물으면 열 중 아홉은 학술지에 논문을 게재하는 것이라고 답한다. 석사과정생이나 학부생도 지도받아 연구 논문을 작성해 학술지에 게재하기도 하지만, 흔한 일은 아니다. 그러나 박사과정 원생은 과정 중 반드시 학술지 논문을 게재해야 한다. 논문을 제출해야 하는 학술지의 수준과 논문 편수는 학교마다, 학과마다 다르다. SCI 게재를 필수로 하는 사례도 있고, KCI 게재만을 요구하는 사례도 있다. 국제적 학술지가 아니더라도 국내 등재 학술지에 논문을 싣는 것조차 만만치 않다.

연구가 무어고, 논문이 무언지 제대로 개념조차 잡히지 않은 이들이 논문을 쓴다는 건 지극히 어렵다. 논문을 쓰는 것만도 어려운데, 심사에 통과해 게재되는 과정을 거쳐야 하니, 여간 어려운 게 아니다. 그래서 논문을 작성할 때는 지도교수를 교신저자로 하여, 지도받으며 준비하는 게 일반적이다. 학위논문은 방대한 양을 채우는 자체가 어려울 수 있지만, 학술지 논문은 간결하게 요약 정리하는 게 어렵다. 짧게 쓴다고 더 쉽다고 생각하면 오산이다. 작은 가방에 여행 짐을 꾸리는 게 큰 가방에 꾸리는 것보다 어려울 수 있다. 꼭 필요한 것만 정해진 분량에 넣는 것 자체가 기술이고, 능력이다.

중요한 건 이미 세상에 밝혀지지 않은 새로운 사실을 논문에 담아내야 한다는 거다. 학술지는 세상 모든 연구 활동의 결정체다. 학술지를 통해 게재된 논문은 학계에 공유된다. 학계에 공유된 논문을 참고하여, 새로운 연구가 시작된다. 그러니 학문의 세계에서 학술지의 기능은 아무리 강조해도 지나침이 없다. 일반적인 대학원 박사과정 원생이라면 과정 중 대개 2~3편의 논문을 학술지에 게재해야 한다. 물론 혼자 2~3편을 쓴다는 건 아니다. 지도교수가 교신저자로 일정 역할을 담당해 주는 논문, 동료와 더불어 공동 저자로 참여하는 논문 등을 포함한 숫자다.

학술지논문을 쓸 때 엄청난 시간과 에너지를 소모한다. 작성 회차가 늘어나면서 자연스럽게 조금씩 익숙해지고, 빨라지겠지만 극도의 스트레스를 받는다. 포기하고 싶은 마음이 굴뚝 같지만, 학술지 논문을 포기한다는 건 박사학위를 포기하는 것이니 물러서면 안 된다. 지도교수를 찾아가 귀찮게 해서라도 학술지 논문을 완성하고 당당하게 게재해야 한다. 처음 학술지에 논문이 실렸을 때의 성취감은 이루 말하기 어렵다. 세상에 없는 지식을 만들어 내 공유했다는 성취감은 비로소 자기가 학계에 첫발을 내디딘 사실을 실감하게 한다.

 학술지에 논문을 싣고자 하면 우선 학회 회원으로 가입해야 한다. 입회비와 함께 연회비를 납부해야 한다. 그래야 회원 자격이 유지된다. 회원이 돼야 해당 학술지에 논문을 게재할 수 있다. 한 개의 학술지에 회원으로 가입하기도 하지만, 대개 복수의 학술지에 회원으로 가입한다. 그래야 다양한 정보를 얻을 수 있고, 자기가 필요할 때 가장 빨리 논문을 게재할 기회를 얻는다. 학술지 회원으로 가입하면 학회에 참석할 수 있고, 관련 학계의 동향을 파악할 수 있다. 논문 게재가 까다롭기로 소문난 학술지가 있는가 하면, 그나마 문턱이 좀 낮은 사례도 있어 본인의 취향에 맞게 선택하면 된다.

 논문 작성을 완성해 학술지에 송고하면 심사 후 결과가 회신된다. 회신 내용은 다섯 가지 중 하나다. 그 다섯 가지는 △게재 승인 △수정 후 게재 승인 △대폭 수정 후 재심사 △게재 불가 △조건부 게재이다. 학술지 논문 심사는 전문가에 의해 엄격히 진행된다. 함량 미달의 논문을 게재하면 해당 학술지의 권위가 실추되고, 회원 이탈이 발생하며, 학술진흥재단의 지원 대상에서 탈락하는 등의 불이익을 받는다. 학회에 대한 지원은 종류도 많고, 형태도 다양해서 지원에서 탈락하면 그만큼 손실이 크다. 그래서 학술지는 수준 높은 논문을 게재해 명맥을 이어가기 위해 부단히 노력한다. 그러니 심사가 엄격할 수밖에 없다.

 게재 승인은 논문이 심사를 통과하여 수정 없이 바로 게재가 가능한 상태를 의미한다. 단번에 게재 승인을 받기란 쉽지 않다. 수정 후 게재 승인은 논문이 전반적으로 게재에 적합하지만, 몇 가지 수정 사항이 제시된다. 수정이 완료되면 추가 심사 없이 게재된다. 대폭 수정 후 재심사는 논문이 학술적으로 가치는 있으나, 본질적인 내용 수정이나 보완이 필요한 경우의 처방이다. 수정된 논문은 다시 제출해 재심사받아야 한다.

게재 불가는 논문이 학술지의 기준에 부합하지 않거나, 연구의 질이나 중요성이 부족하다고 판단될 때 내리는 처분이다. 게재가 거부되며, 다른 학술지에 투고하거나 대대적인 수정을 통해 재시도해야 한다. 조건부 게재는 특정 조건을 충족하면 게재가 승인된다는 의미다. 대폭 수정 후 재심사 판정을 받더라도, 심사 과정에서 긍정적인 피드백을 받았다면 게재 가능성이 있으니, 피드백을 충실히 반영하는 게 중요하다.

베테랑 연구자가 아니라면 투고한 논문이 곧바로 게재 승인 받아 실리는 사례는 거의 없다고 보면 된다. 그러니 수정 후 게재 승인, 대폭 수정 후 재심사, 조건부 게재 등의 판정을 받았다고 해서 낙담할 필요는 없다. 오히려 전달받은 피드백을 참고해 수정하면서 논문 작성 실력을 쌓아가면 그보다 더한 논문 쓰기 학습의 왕도는 없다. 오히려 수정할 부분을 짚어준 심사위원에게 감사의 마음을 갖고 기꺼이 수정해서 재심사받겠다고 생각해야 한다. 초보 연구자라면 재심사 판정을 받는 게 당연하다고 여겨야 한다.

참고문헌 Reference

초보 연구자가 논문을 쓰면서 가장 방심하고 소홀히 여겼다가 나중에 큰코다치는 게 참고문헌이다. 참고문헌을 꼼꼼하게 정리해 놓지 않으면 나중에 감당 못 할 일이 벌어진다. 참고문헌은 늘 신경 써서 기록해 두어야 한다. 참고문헌을 제자리에 정확히 기록하면 학습량이 많은 연구자의 논문이 되지만, 기록을 누락하면, 그대로 표절이 된다. 그래서 참고문헌을 그때그때 꼬박 기록하는 습관을 들여야 한다. 자기가 읽은 논문의 서지[8]사항을 기록해 정리하는 습관을 길러야 한다. 대개 엑셀 파일로 정리해 두면 나중에 찾을 때 그만큼 빠르고 편리하다. 서시사항은 논문 제목, 발행 연도, 발표 학술지, 연구자 정보, 호수, 페이지 등으로 학술지마다 조금씩 양식이 다르지만, 대동소이하다. 학위논문에 참고문헌을 표기하는 방법도 학교마다 조금은 다르다.

출력한 논문을 보관할 때도 정리가 필요하다. 학위논문은

---

8. 책이나 문서의 형식이나 체제, 성립, 전래 따위에 관한 사실. 또는 그것을 기술한 것.

워낙 많은 논문을 참고해야 해서 제대로 정리해 보관하지 않으면, 나중에 찾을 때마다 혼란스럽고 시간을 허비하게 된다. 논문을 정리할 때는 주제별로 박스를 만들어 보관하되, 제목 순 또는 저자 순 등 일정한 순서대로 자기가 편한 대로 구분하여 보관해야 다시 찾을 때 편하다. 필요한 논문을 다운로드하면 종이로 출력하더라도 PDF 파일은 따로 폴더를 만들어 보관해야 한다. 방대한 분량의 학위논문을 작성하다 보면 헷갈리고, 머릿속이 뒤엉켜 간혹 블랙아웃 상태에 빠지기도 한다. 처음부터 잘 정리하는 습관이 매우 중요하다.

틀에 맞게 논문을 작성하다 보면 어느 한구석 쉬운 게 없다. 특히 제2장 이론적 배경 부분은 초보 연구자가 가장 어려움을 느끼는 마의 구간이다. 이론적 배경은 내가 쓰고자 하는 논문에 앞서 발표된 논문 중 참고한 내용을 정리하는 부분이다. 그래서 무수히 많은 논문을 인용해야 한다. 연구자 자기가 생각하는 바는 단 한 줄도 쓸 수 없다. 대충 어디서 들은 얘기나 논문이 아닌 일반도서나 매스미디어에 보도된 내용 등은 학술적으로 신뢰할 수 없다. 논문을 통해 검증된 내용만 담아야 한다. 박사학위논문의 경우, 서론과 이론적 배경을 쓰는 데만도 족히 수십 편의 선행 연구 논문을 참고하고, 그 출처를 기록해야 한다. 정리가 안 되면 훗날 큰 고생을 한다.

선행 논문을 인용할 때는 인용한 부분을 형광펜 등을 활용하거나 접착식 메모지를 붙여 표시해 두어야 한다. 원고 분량이 방대한 학위논문을 집필할 때 논문 하단에 참고문헌을 기록하게 되면, 처음에는 가능할지 몰라도 원고 분량이 많아지면, 참고문헌을 확인하거나 추가 기재할 때 수십 페이지를 스크롤 하며 커서를 이동해야 한다. 그렇게 되면 시간 소요가 많을 뿐 아니라 필요한 부분을 찾을 때마다 혼란을 겪게 된다. 그래서 참고문헌을 별도의 파일로 만들어 PC 모니터에 두 개의 화면을 띄워놓고 순발력 있게 오가며 한쪽에선 집필을 이어가고, 한쪽에선 참고문헌을 정리하면 편하다.

  논문 전체의 분량이 많아지면, 장(章·Chapter)별로 파일을 분리해 집필해 가는 게 편하다. 파일을 별도로 만들어 작성해야 하는 이유도 위에서 언급한 바와 같다. 분량이 적은 학술지 논문을 작성할 때는 굳이 그렇게 하지 않아도 된다.

  선행 연구 논문을 참고하고 인용해 논문을 작성하다 보면, 선행 연구 논문이 누군가의 논문을 인용한 부분을 다시 인용하는 예가 있다. 재인용 참고문헌 작성법은 원자료를 직접 확인하지 않고, 다른 출처를 통해 해당 내용을 인용할 때 사용하는 방식이다. 학술 글쓰기에서 가능하면 원자료를 직접 확인하는 게 권장되지만, 불가피할 경우 재인용을 표시해야 한다.

  재인용을 표기하는 방법은 몇 가지가 있는데 모든 참고문헌 목록에는 재인용한 논문의 목록만 적는다. 본문에는 재인용 자료의 원본 저자를 언급하는 방법, 원 저자와 재인용 출처를 모두 언급하는 방법, 재인용을 본문에 명시하는 방법이 있다. 끝으로 각주를 만들어 거기에 원본 출처를 밝히는 방법이 있다. 이처럼 여러 방법이 있지만, 재인용을 남용하지 않도록 주의해야 한다. 학계는 원자료를 직접 확인할 수 있다면 직접 인용하기를 권장한다. 참고문헌을 어떻게 효율적으로 정리하느냐에 따라 논문 집필 속도도 차이 날 수 있다.

학위논문 심사의 선행 조건

학교마다 편차가 크다고는 하지만, 박사는 박사다. 박사학위를 호락호락 주는 학교는 없다. 간혹 뉴스에서 아주 엉성한 학사관리로 박사학위를 남발한 학교와 그런 학위를 받은 이들이 도마 위에 오르지만, 아주 이례적이다. 구조상 박사학위는 함부로 줄 수도 없고, 아무나 받을 수도 없다. 박사학위논문 자체만으로도 어렵지만, 학위논문을 쓸 자격을 얻으려면 넘어야 할 산이 많다. 가장 높은 산은 학술지 논문 실적이다. 학교에 따라, 학과에 따라, 지도교수에 따라 다르지만, 학술지 논문 게재 건수를 채워야 한다. 소위 명문대라는 타이틀을 쥐고 있는 몇몇 대학은 국제 학술지 논문 게재를 조건으로 한다. 그 문턱을 넘지 못해 좌절하는 이들이 부지기수다.

또 하나의 높은 산은 흔히 '논자시'라 일컫는 학위논문 제출 자격시험이다. 학위논문 제출 자격시험은 외국어 영역과 전공영역으로 나눈다. 제2외국어를 추가하는 학교도 있다. 전공 시험은 대개 3과목을 치른다. 시험 전에 시험을 치를 과목을 선택하고, 담당 과목 교수에게 이메일을 보내거나 직접 방문하여 그 과목의 시험을 치르겠다고 알리는 게 예의다. 논자시는 처음에 단번에 합격하는 이들도 있지만, 한두 번 불합격하고 이후에 합격하는 이들도 있다. 학교에 따라 2회 이상 불합격하면 더는 시험 치를 자격을 부여하지 않는 사례도 있다.

 대개의 원생이 전공과목보다 더 큰 부담을 느끼는 게 영어시험이다. 꾸준히 영어를 공부했거나 장기간 외국 생활을 경험한 이들이라면 모를까 영어에 손을 놓고 직업생활에만 충실했던 이들이라면 영어시험이 만만치 않다. 전공과목 시험은 며칠 준비하면 된다지만, 영어는 단숨에 해결되지 않기 때문이다. 그러나 하늘이 무너져도 솟아날 구멍이 있는 게 현실세계다. 엄격하게 영어시험 통과 기준을 정해놓고 그 점수를 얻어야, 통과가 가능하게 했다면, 박사 배출자 수는 크게 줄어들었을 거다. 특히 직업을 갖고 있는 시간제 원생의 경우, 영어시험의 벽을 통과하기 어려웠을 거다. 그래서 각 대학은 두 가지 길을 열어 주고 있다. 그중 하나는 토익을 비롯한 공식 영어 능력 평가 시험 결과 제출로 평가를 대신하는 방법이다. 물론 일정 점수 이상을 요구한다.

 900점 만점인 토익은 500점 이상이면 중급, 600점 이상이면 중고급, 700점 이상이면 고급, 800점 이상이면 최고급으로 분류된다. 대개 650점 이상을 요구하는 게 일반적이지만, 이 또한 쉽지 않다. 그래서 하나의 길을 열어 준다. 대학 내 어학원에 대학원 외국어 시험 대체 강좌를 마련하고, 이 과정을 이수하면 영어 기준을 통과한 걸로 인정해 주는 거다. 직업을 가진 시간제 원생이 영어시험을 통과하는 방법이다. 대개 두 학기 수강한다. 이런 특례가 없다면 시간제 대학원생 상당수는 박사학위를 갖지 못할 거다. 영어를 손 놓은 지 오랜 세월이 흘렀다면, 토익 650점을 얻는 게 만만치 않다.

학술지 논문 게재 요건 충족이 가장 어렵다. 이 산을 넘지 못해 박사학위를 가지지 못하고 수료로 끝내는 이들이 참으로 많다. 그래서 학술지 논문은 입학 직후부터 관심을 두고 준비해야 한다. 지도교수를 중심으로 주변 여럿에게 조언을 구하며 준비해야 한다. 학술지 논문 게재에 비하면 논자시는 걱정할 거리조차 되지 못한다. 물론 그 벽을 넘어서지 못하는 이들도 있지만, 그건 지극히 일부다. 정상적으로 코스웍에 참여하고 성실히 학교생활에 임했다면, 크게 문제가 되지 않는다. 준비가 미흡해 단번에 합격하지 못하는 예는 있지만, 논자시 때문에 졸업 못 했다는 사례는 들어보지 못했다.

학술지 논문 통과가 왕복 6시간 이상의 큰 산 등반이라면, 논자시는 뒷짐 지고 서서히 왕복 2시간 이내의 산책로를 따라 가볍게 산책하는 정도라고 비유하고 싶다. 그러니 졸업하고 싶다면, 박사가 되고 싶다면, 입학 직후부터 학술지에 논문을 싣는 데 모든 에너지를 집중해야 한다. 수료에 머물고 끝내 박사학위를 얻지 못하고 포기를 선언하는 이들의 대부분은 학술지 논문 게재의 벽을 넘지 못한 거다. 졸업하고 싶고, 박사가 되고 싶다면 논문에 집중해야 한다. 이 벽을 피해 갈 어떤 방법도 없다.

학술지 논문 게재, 논자시 통과 외에도 박사학위를 위해 준비해야 할 여러 가지가 있다. 그러나 걱정할 게 없다. 동료들과 어울려 따라 하다 보면 준비할 수 있는 것들이다. 흔히 프로포절이라 하는 연구계획서 발표도 부담이 크지만, 지도교수의 지도를 받고 스터디 멤버의 조언을 얻어 준비하면 할 수 있다. 학교나 학과에 따라 학회 활동에 비중을 크게 두어 참석을 필수 조건으로 포함하기도 한다. 심지어는 학회나 세미나에서 발표한 실적을 졸업 필수 조건에 포함하기도 한다. 그러나 그 또한 동료들과 어울려 하나씩 준비하면 할 수 있는 조건이다. 학위논문 심사와 관련한 내용은 별도의 장을 마련해 소개하고자 한다.

연구 부정 방지를 위한 윤리 교육도 이수해야 한다. 이는 온라인을 통해 원하는 때 한두 시간을 내 수강하면 되기 때문에 크게 염려할 바가 못 된다. 대학원의 학사 일정은 학부에 비해 대단히 복잡하다. 더구나 원생마다 처한 처지가 다 다르다. 누구는 앞서가고 누구는 뒤처진다. 입학을 늦게 하고 졸업을 앞질러 하는 사례도 넘쳐나고, 개인마다 앞서 제시한 통과 절차 이수 여부의 차이가 있다. 소규모 학과로 대학원생이 소수라면 학과 조교가 일일이 전화를 걸어 학사 일정을 자세히 안내해 주기도 하지만, 대학원생 수가 많은 대형 학과는 모든 통보를 이메일로 할 수밖에 없다.

　수시로 이메일을 확인하고, 꼼꼼히 살피는 건 원생 개인의 몫이다. 학과에서 보내는 이메일을 꼼꼼히 확인하지 않아, 시기나 기회를 놓쳐 후회막급한 일을 당하기도 한다. 입학 때 배부된 대학원 요람이나 학사 관련 규정을 책꽂이나 책장에 비치해 두고 꼼꼼히 확인하고, 궁금한 사항은 학과 조교에게 질문하면서 실수를 줄여 나가야 한다. 해야 할 일을 하지 않으면 한 학기가 미뤄지기 때문이다. 자기 실수로 학사 관련 규정을 지키지 못한 건 누굴 탓할 수 없는 일이다. 박사학위의 시작은 순서가 있어도 끝은 순서가 없다. 꼼꼼히 준비하는 자가 먼저 학위를 받고 졸업한다.

〈일반적인 학위논문 제출 과정〉

논문 작성 전 구비 자격					
학점 (수료 학점 취득)	구분		석사	박사	통합
	이수 학점	교과	24학점 이상	36학점 이상	60학점 이상
		연구	2학점	4학점	6학점
	1. 수료에 필요한 교과학점 이수(전과목 평균 80점 이상, 보충학점 해당자는 학점 이수한 자) 2. 4학기 이상의 정규등록 필한 자 (학석사연계과정: 3학기, 통합과정: 8학기) 3. 박사는 논문연구 2학점(통합과정은 4학점) 이상 취득한 자				
외국어 시험	합격 또는 토익 등 수강실적 1학기 이상 등록자 응시가능				
종합 시험	합격(학기당 1회 시험) 과정별 이수학점 취득자(석사: 18학점, 박사: 27학점, 통합: 45학점)				
논문 연구 계획	연구계획서 작성 → 지도교수 승인 → 학과 책임교수 승인 → 제출				* 석사: 논문계획 발표 및 <u>한 학기</u> 이상 지도교수의 지도를 받고 추천 받은 자(학위청구논문 연구계획서, 계획발표결과보고서 제출)
논문 계획 공개 발표	논문계획발표 결과보고서 작성 → 지도교수 승인 → 학과 책임교수 승인 → 제출				* 박사: 논문계획 발표 및 <u>두 학기</u> 이상 지도교수의 지도를 받고 추천 받은 자(학위청구논문 연구계획서, 계획발표결과보고서 제출)
연구 실적	박사학위 청구 논문 작성 예정자는 입학 후 지도교수의 지도하에 학과에서 정하는 소정의 연구 실적 확보자(학과별 차이)				
논문 작성 희망 학기 초 학위청구논문 제출 예정자 추천(지도교수)					
해당 학과의 논문 제출 예정자 논문 제출 자격사항 확인 → 논문 제목 입력 → 학과 승인 → 대학원 승인 (논문 쓰기 직전 학기까지 자격 갖추고, 자격사항 검토 후 학과가 추천)					
논문 심사					
논문 예비심사 ⇨ 논문심사위원 추천 및 본심사 신청 ⇨ 본심사 ⇨ 논문 완성본 제출					
학위수여					

논문 검색

　PC 보급이 안 돼 모든 과제물이나 보고서, 심지어는 논문까지 원고지에 써 제출했던 시대가 불과 한 세대 전이다. 디지털 시대의 개막 전에는 도서관에 가서 도서는 도서대로, 논문은 논문대로 정리해 둔 자료 카드가 보관된 서랍을 수십 번 빼고 넣기를 반복하며 목록을 확인하고, 서지사항을 메모하여 자료실을 뺑뺑 돌며 어렵게 논문을 찾아야 했다. 그 논문의 필요한 부분을 찾아내 복사하고, 그걸 가지고 나와 자료로 삼았다. 필요한 자료만 넉넉히 찾아도 과제의 절반 이상을 한 것 같이 느낄 정도로 자료 찾기가 어려웠다. 대학 도서관을 주로 활용했지만, 자료가 한정적이어서 서울까지 가서 국립도서관이나 국회도서관 등을 이용하는 일도 다반사였다. 다들 그런 줄 알고 살았다.

　디지털 시대가 펼쳐진 후 모든 자료는 PC와 인터넷을 통해 찾을 수 있게 됐다. 주로 활용한 사이트는 한국교육학술정보원(KERIS)이 운영하는 학술 정보 공유 서비스 RISS(Research Information Sharing Service)다. 회원 가입하고 검색하면 학위논문,

학술논문, 학술지, 전문 서적 등 필요한 대부분 자료를 검색할 수 있다. 큰 도서관 하나를 컴퓨터 안에 통째로 넣어둔 것과 같다. RISS에서 국내 대학 도서관이나 연구기관의 자료뿐만 아니라, 해외 학술 콘텐츠도 검색할 수 있다. 처음 접속해 활용해 보면 방대한 자료와 간편한 활용법에 놀라움을 금치 못한다. 쓰다 보면 익숙해져 당연한 듯 여기지만, 처음 접할 때는 신기하기만 하다. RISS에서 일부 자료는 원문 다운로드가 가능하지만, 원문이 제공되지 않는 자료도 있다. 이런 자료는 요청 서비스를 이용하면 된다.

한국교육학술정보원(KERIS)이 운영하는 국내 학술 정보 플랫폼으로, 주로 한국의 학술 자료를 제공하는 RISS와 비교되는 학술 데이터베이스가 있다. 네덜란드의 출판사 Elsevier가 운영하는 국제적 학술 초록 및 인용 데이터베이스인 SCOPUS다. RISS가 국내 학술지, 학위논문, 연구보고서 등을 중심으로 제공하는 데 반해 SCOPUS는 전 세계 학술지, 회의록, 도서 등 방대한 국제 자료를 포함한다. 7만여 출판사가 제공하는 약 2500만 건 이상의 연구 데이터를 다룬다.

RISS가 국내 학위논문 및 자료 열람에 최적화돼 있다면, SCOPUS는 논문 간 인용 관계를 추적하여 학문의 연결성을 파악할 수 있게 한 점이 특징이다. RISS는 무료 서비스가 많고, 회원 가입 후 원문 열람할 수 있지만, SCOPUS는 대부분 유료 서비스로, 개인보다는 기관(대학, 연구소 등) 구독을 통해 이용한다. 국내대학 석사나 박사과정 원생이 학위논문을 작성하고자 할 때 RISS만 활용해도 충분하다. 국제적인 연구 트렌드를 이해하고, 글로벌 연구 커뮤니티와 연결하는 데는 SCOPU가 적합하다.

학술지논문 활용
학위논문 쓰기

　박사학위논문을 쓰고 나면 논문이 어떤 글인지 몸으로 체득한다. 또한 방대한 분량의 글을 쓸 수 있는 자신감을 얻고, 실제로 글쓰기 능력이 몰라보게 향상된다. 분량이 많은 글을 쓰고 나면 그보다 소략한 글을 쓰는 데 자신감을 얻는다. 한마디로 '300페이지 분량의 글을 썼는데 20페이지 글을 못 쓰겠나' 싶은 마음이 생긴다. 더 중요한 건 그 까다롭다는 논문의 형식에 관해 충분히 익힌다는 거다. 글을 논리적으로 쓸 수 있게 될 뿐 아니라, 검증되지 않은 사실에 대해 진실성을 의심하는 통찰력도 생긴다. 단행본 한 권의 책을 거뜬히 집필할 수 있는 기획력도 생긴다.
　그러나 엄청난 내용의 박사학위논문이라도 그건 학술논문으로 인정받지 못한다. 연구자의 연구 실적에 카운팅이 안 된다. 학계가 인정하는 연구 실적은 오직 학술지 발표 논문이다. 석사학위논문은 물론 박사학위논문조차도 공인된 연구 결과로 받아들이지 않는다. 학술지 논문은 학위논문과 비교할 수 없을 만큼 단출하지만, 학술 가치 면에서 학위논문을 능가한다. 원생은 단독으로 학술지 논문을 쓰기에 역량 면에서 부족하다. 그래서 지도교수를 교신저자로 하여 도움을 받는다. 학위논문이 학술 가치 측면에서 학술지 논문에 비해 저평가받는데 학위논문을 쓸 자격을 얻으려면 학술지 논문을 일정 편수 써야 한다.

언뜻 생각하면 아이러니다. 이런 아이러니가 발생하는 건, 원생 신분으로 투고하는 학술지 논문이 지도교수의 지도를 받으며 썼다는 걸 전제로 하기 때문이다. 원생은 지도교수와 상담을 통해 자기가 학술적으로 관심을 두고 있는 문제에 관해 의견을 교환한다. 그리고 학술지에 투고할 논문의 주제를 정한다. 어렵게 한 편의 학술지 논문을 완성해 게재하면 논문이란 게 무언지 감이 잡힌다. 그리고 또 하나의 주제를 잡아 다른 논문을 추가 작성한다. 이때 새로운 논문이라고 해서 처음에 주제를 잡았던 논문과 방향성이 전혀 다른 주제를 잡지 않는다. 연관되는 주제를 잡는다.

그렇게 두 편의 논문을 학술지에 게재하면 다시 지도교수와 면담을 통해 학위논문의 주제를 정한다. 이때 학위논문의 주제는 앞서 발표한 두 편의 학술지 논문의 주제를 융합해 하나의 논문 주제로 만드는 게 일반적이다. 유사한 논문을 두 편 써봤기 때문에, 학위논문을 집필하는 데 큰 도움이 된다. 충분한 자료를 확보했고, 연구 주제와 관련한 학습을 했기 때문이다. 이런 이유로 학위논문을 쓰기 전에 학술지 논문을 게재하게 하는 거다. 두 편가량의 학술지 논문을 완성해 게재한 경험이 있다면, 학위논문을 작성할 수 있다. 쓰고자 하는 논문 주제에 맞는 충분한 기본 지식이 있고, 자료도 충분하니 그만큼 수월하게 새로운 논문을 쓸 수 있다.

박사학위논문은 대부분 이런 과정을 통해 생산한다. 그래서 입학 직후부터 논문 쓰기에 관심을 두고 지도교수와 면담을 통해 주제를 설정하고, 자료를 수집하면 빨리 학위논문을 쓸 수 있다. 대학원에서 코스웍은 시간이 지나면 해결되는 문제다. 코스웍을 마치고 수료했다고 일찍 졸업하는 건 아니다. 결국은 누가 먼저 논문을 쓰느냐가 최대 관건이다. 대학원은 논문 쓰기를 배우러 오는 곳이란 사실을 잊으면 안 된다. 대개 코스웍 동안 느긋하게 수업에만 충실한다. 그렇게 되면 그만큼 졸업이 늦어지고 논문 쓰기는 어려워진다. 논문 쓰기에 모든 역량을 모아야 한다.

박사학위를 받고 나면 그때부터는 학계 일원이 된다. 혼자 논문을 쓸 수 있다고 인정받았기 때문이다. 박사학위자는 연구자로서 역량을 인정받았기 때문에 연구를 이어가야 한다. 그래야 진정한 박사다. 박사 졸업 후 곧바로 학술지 논문을 한 편 쓰는 방법이 있다. 그건 박사학위논문을 집필할 때와 반대 개념이다. 이미 통과한 박사학위논문을 축약하고 정리해 학술지 논문 분량으로 조절해 학술지에 투고하는 거다. 박사학위논문을 학술지 논문으로 변환하는 건 그리 어렵지 않다. 이미 그 내용을 훤히 알고 있으니, 축약하기만 하면 된다. 결국 학술지 논문을 엮어 학위논문을 만들고, 학위논문을 축약해 학술지 논문을 만드는 거다.

논문에 집중 또 집중

'쇠뿔도 단김에 빼라'는 속담이 있다. 무슨 일이든 미루지 말고 닥쳤을 때 시행하라는 의미다. 논문이 그러하다. 차일피일하다 보면 그저 시간만 흘러갈 뿐, 손에 잡히는 건 아무것도 없다. 대학원은 석사과정과 박사과정 원생이 늘 함께 움직인다. 코스웍 수업도 함께 참여하고, 학회 활동도 같이한다. 개강이나 종강 관련 행사, 기타 모든 대학원 행사가 석사과정과 박사과정을 구분 짓지 않는다. 그러다 보니 웃지 못할 일이 생긴다. 까마득한 후배로만 여기던 석사과정생이 박사과정생을 추월해 먼저 박사학위를 마치고 졸업하는 일이 다반사로 일어나는 곳이 대학원이다.

두 사람의 속도 경쟁은 논문에서 갈라진다. 차일피일만 하고 논문을 느긋하게 준비하면 졸업은 그만큼 늦어질 수밖에 없다. 이건 팩트다. 박사과정 코스웍 한두 학기를 남겨놓고 있을 때 석사과정생이 입학했다고 가정하자. 석사과정생은 입학 직후부터 곧바로 준비해 학위논문을 제때 통과하고 2년 만에 졸업할 수 있다. 박사과정생이 남은 1년의 코스웍을 마치고 수료했지만, 일이 바쁘다는 이유로 논문 준비를 차일피일 미루었다. 그러는 사이 석사를 졸업한 후배는 곧바로 박사과정에 입학했다. 입학하자마자 코스웍에 참여하며 논문 준비를 시작했다. 수시로 지도교수를 찾아가 상담했고, 논문 주제를 잡아 열심히 자료를 수집하고, 연구 방법을 고민했다.

덕분에 코스웍 기간에 한 편 학술지 논문을 쓸 수 있었다. 이때까지도 선배 박사 수료생은 한 편의 학술지 논문도 쓰지 못했다. 겨우 논문의 주제를 확정했을 뿐이다. 마음은 조급했지만, 논문 쓰기보다 급한 일이 수시로 생겨 일정을 미룰 수밖에 없었다. 그렇게 수료 후 2년이 지났을 때, 후배는 박사과정 코스웍을 마쳤고, 한 편의 학술지 논문을 추가로 게재했다. 후배를 지켜보고 다급한 마음이 생긴 선배는 수료 후 2년이 지나서야 한 편의 학술지 논문을 실었다. 그러나 부지런한 후배는 그사이 또 한 편의 논문을 학술지에 발표했다. 까마득한 후배로 여겼지만, 이제는 전체 진도에서 선배를 앞서고 있다.

결국 이런 상황이 반전되지 않고 이어져 후배가 먼저 박사학위를 얻어 먼저 졸업했다. 후배가 졸업하고 난 후에야 선배는 추가로 한 편의 학술지 논문을 더 게재했고, 학위논문 준비에 돌입했다. 학위논문을 준비하는 데 1년 이상의 세월이 걸린다는 걸 그는 잘 알고 있다. 뒤늦게 다급함을 느낀 선배는 모든 일에 앞서 학위논문 집필을 우선순위에 두고 매진하여 박사학위를 얻고 졸업하게 됐다. 결국 3년 이상 늦게 대학원에 입학한 후배보다 1년 이상 늦게 졸업했다.

이런 일은 대학원에서 다반사로 일어난다. 앞서 예시한 사례의 선배는 늦게나마 졸업했으니 다행이다. 박사과정 코스웍을 마친 후 학술지 논문의 덫에 걸려 앞으로 나아가지 못하거나, 학술지 논문을 어렵게 써놓고, 학위논문을 쓰지 못해 학위를 받지 못하는 사례는 넘쳐난다. 열심히 코스웍 과정을 마치고, 논문 집필에 겁을 먹고 이내 포기하는 이들도 많다. 박사 수료에 그친 이들의 대부분이 석사과정에 없는 학술지 논문 게재라는 산을 넘지 못한 이들이다. 입학할 때부터 논문을 생각하며 무엇을 어떻게 쓸 건지 고민했어야 하는데, 그걸 안 한 거다.

일반대학원 박사과정을 대학 학부 과정 또는 특수대학원 정도로 생각하고 입학하면 흔히 생기는 일이다. 대학처럼 수업에 출석하고 시험만 보면 학점 주고, 졸업하게 해주는 식으로 대학원을 운영하면 아마도 대졸자 절반 이상은 박사학위를 가지고 있을지 모른다. 주위를 살펴보면 석사학위자는 의외로 많다. 30~40년 전 대졸자 수와 비견할 만큼 그 수가 많다. 심심찮게 박사 수료생도 만난다. 그러나 박사학위자는 쉽게 보이지 않는다. 석사학위자나 박사 수료생이 많지만, 박사학위자가 적은 건 불문가지 학술지 논문의 벽을 넘어서지 못한 이들이 그만큼 많다는 걸 방증한다. 박사학위는 논문과의 승부에서 이겨야 쟁취할 수 있다.

제5장

마지막 관문 논문 발표와 심사

첫 관문 연구계획 발표

학위논문은 연구자인 원생이 어떤 분야, 어떤 현상에 관심을 두느냐가 시작점이다. 연구자가 평소 관심이 많은 분야로 학술 가치가 있는 새로운 진실을 밝혀내고 싶은 게 생겼다면, 연구는 시작 단계로 접어든다. 연구할 대상이 생겼기 때문이다. 연구자가 관심이 있거나 궁금하다고 모두 연구 대상이 되는 건 아니다. 학술 가치가 있어 세상에 보탬이 될 수 있는 내용인가도 중요하다. 연구자가 대단히 관심을 두고 있지만, 새로운 사실을 밝혀내는 게 무의미하다면 연구 주제로서 부적합하다. 연구가 사회적 이익에 반하여 오히려 해악을 끼칠 수 있을 거로 예상하면 이 또한 연구 주제로 부적합하다. 연구 주제를 설정하는 일은 연구의 시작이다.

연구 주제를 설정하는 시기는 입학 직후다. 대학원에 입학했다는 건, 내가 연구자로서 연구하고 싶은 대상이 있다는 걸 의미한다. 평소 어떤 일에 관심이 많고, 궁금증도 커 그걸 연구를 통해 밝혀내고 싶다는 의지가 있을 때 대학원 전공을 정하고, 입학을 결정하는 거다. 나는 이런 문제에 관심이 많고, 궁금증도 많으니, 연구를 통해 밝혀보고 싶다는 뜻을 정확히 지도교수에게 전달해야 한다. 그러면 그 연구 주제가 적합한지, 시대 상황과 맞는지 등을 지도교수가 판단해 조언해 준다. 특별한 일이 없다면 연구자가 연구하고 싶어 하는 주제가 반영된다.

주제를 설정하고 자료 수집과 연구 모형 구상이 끝나면 흔히 프로포절(Proposal)이라 칭하는 학위논문 계획발표를 한다. 코스웍 1년 이상을 마치면 계획발표를 할 기회가 주어지지만, 학교나 학과에 따라 수료 이후에 진행하는 거로 정한 곳도 있다. 종합시험이라 통칭하는 학위논문제출자격시험을 통과해야 프로포절 자격을 부여하는 사례도 있다. 중요한 건 지도교수의 판단이다. 연구자인 원생의 논문이 어떤 주제이고, 얼마나 진행됐는지 알기 때문에 프로포절 시점을 평가하고 적절한 시기를 제안한다. 지도교수와 협의해 발표를 결정하면 학과사무실에 통보하고 준비를 시작한다.

논문계획발표는 원생이 공식적으로 처음 준비하는 가장 어렵고 힘겨운 발표 무대다. 학과 내 전체 교수와 원생 앞에서 학위논문의 작성 계획을 발표하는 자리다. 논문계획서와 함께 서론, 이론적 배경, 연구 방법까지 연구자가 작성한 모든 원고를 출력해 전체 학과 교수에게 사전에 제출해 검토할 수 있게 한다. 당일 발표는 10장~15장 분량의 프레젠테이션을 준비한다. 전체 교수와 원생 앞에서 10분 남짓 발표하고, 10분 남짓 질의를 받으며 이에 대해 답변하는 형식으로 진행한다. 물론 지도교수에게 사전에 미리 제출해 사전 점검을 받고, 지도교수가 승인하면 발표물을 준비한다. 공포감을 떨치고 차분히 준비하면 된다.

계획발표를 통해 발표할 부분은 연구의 핵심 주제와 연구를 진행할 구체적인 목표, 기대 결과 등이다. 프로포절은 주제와 관련된 시장, 산업, 학문적 트렌드 조사 등의 내용을 담는다. 또한, 신뢰할 수 있는 데이터를 기반으로 제안 내용의 타당성을 입증해 보인다. 프레젠테이션 자료의 표지에는 프로젝트 제목, 제출일, 제출자 정보를 담고, 다음 장에 목차와 페이지 번호를 적는다. 이어 다음 장에는 해결하려는 문제와 필요성 설명할 내용을 담아낸다. 다음 장엔 구체적이고 측정할 수 있는 목표를 설정해 적고, 다음으로 문제를 해결하기 위한 구체적인 방법과 계획을 설명할 자료를 삽입한다. 그리고 프로젝트 성공 시 기대되는 결과와 영향을 쓰고, 이어 주요 활동과 마일스톤(Milestone)[9]을 포함한 타임라인(Timeline)[10]을 담아낸다. 끝으로 관련 문헌 및 참고 자료를 소개한다.

발표할 프레젠테이션을 완성하고 나서 문법, 논리적 흐름, 데이터의 정확성을 검토하고, 신뢰할 수 있는 동료나 전문가에게 피드백을 요청해 타인의 시각으로 점검해 본다. 프레젠테이션을 완성한 후 반복적으로 연습해 원활하게 발표할 수

---

9. 프로젝트나 비즈니스 목표를 달성하기 위한 중요한 이정표
10. 시간 순서대로 사건을 나열해 놓은 것

있게 준비한다. 연습할 때는 타임워치를 활용해 발표 시간을 지킬 수 있게 준비한다. 원고와 마찬가지로 발표도 사전에 동료나 전문가 앞에서 시연하고, 피드백을 받는다. 그래야 실수를 줄일 수 있다. 또한, 시연 참관인을 통해 예상되는 질문을 추려보고, 대비책을 준비한다. 마구잡이로 쏟아지는 질문 공세에 어떻게 효율적으로 답변하고 대처하는가는 프로포절의 핵심 과제다.

여러 사람 앞에서 발표 경험이 부족한 이에게 공식 발표 자리는 10분이 1년 같은 시간이다. 충분히 연습하는 게 중요한 이유다. 10분의 발표 후에는 10분 남짓 질문받고 이에 대해 답변하는 시간을 갖는다. 전혀 예상치 못한 질문이 쏟아지기도 하지만, 사전에 예상 질문을 뽑아 답변할 준비를 해두면 그만큼 대처하기 쉽다. 지적 사항에 대해 성실히, 당당하게 답변하되 충분히 수긍할 내용이면 "좋은 지적 해 주셔서 감사하다. 지도교수의 지도를 받아 지적해 주신 부분을 수정하도록 노력하겠다"고 답하고, 실제 모든 지적 사항을 꼼꼼히 메모해 두어야 한다. 발표를 마치고 나면 1주일 남짓의 시간이 지나고 나서 학과사무실로부터 합격 여부를 통보받는다. 성실히 준비하면 통과할 수 있는 관문이다. 자신감이 중요하다.

두 번째 관문 공개발표

　계획발표를 하고 나서 박사의 경우 1년 시간을 준다. 박사학위논문을 한 학기 만에 준비하는 건 실상 어려워 1년을 주고, 충분히 실험하고 실험 결과를 작성할 시간을 준다. 학업에 전념하는 전일제 원생에게 충분한 시간일지 모르나 직업을 가진 시간제 원생에게 1년은 절대 넉넉한 시간이 아니다. 논문을 작성할 때 수시로 동료 원생과 지도교수의 의견을 참고해야 한다. 박사학위논문은 워낙 분량이 방대하고, 꼭 삽입해야 할 목록도 많아 꼼꼼히 점검해 가면서 빠지는 부분이 없도록 준비해야 한다. 챕터 한 장을 작성하고 나면, 원생 스터디 팀에서 발표하는 기회를 가져 수시로 피드백을 받는 것도 완성도를 높이는 방법이다.

　모든 원고 작성을 마치고 나면 학과사무실 조교를 통해 논문 최종 발표를 위한 제반의 절차상 준비가 끝났는지 반드시 확인한다. 학점 관리, 영어시험 통과, 종합시험 처리, 연구윤리 수강 여부 등등 챙겨야 할 게 의외로 많다. 모든 준비가 끝난 걸 확인하면 학과에 공개발표 참여를 통보하고 준비에 돌입한다. 물론 지도교수의 승인을 받아야 한다. 공개발표를 준비하는 과정도 계획발표인 프로포절을 준비할 때와 같다. 모든 전공생 앞에서 최종 리허설을 하고, 수정 보완할 부분을 점검한다. 이후 전체 논문을 학과 교수 수만큼 출력 후 제본분을 만들어 제공하고, 프레젠테이션도 만든다. 원생에게도 제본을 나눠주면 좋겠지만, 그 수가 너무 많을 때는 파일만 공유해 주면 된다.

프로포절 때와 마찬가지로 10분 남짓 발표하고, 10분 남짓 질문받고 이에 응답해야 한다. 연구자가 아무리 완벽하게 준비한다 해도 평생 논문을 쓰며 지낸 연구의 고수인 교수들의 질문 공세를 완벽히 방어하기란 쉽지 않다. 그러나 그만큼 많이 준비하고 자기 논문의 완성도가 높고, 관련 이해도가 높다면 충분히 디펜스 할 수 있다. 이때도 마찬가지로 명료한 지적 사항이 나오면 자기주장을 앞세워 우기거나 변명하려 들지 말고, 인정해야 한다. 프로포절 때와 마찬가지로 "미처 생각지 못한 부분을 지적해 주셔서 감사하다. 아직 심사까지 시간이 있으니, 지도교수의 지도를 받아 더 보강해 논문의 완성도를 높이겠다"라고 답변하는 게 상책이다.

원생은 연구 역량이 부족하다. 지도교수의 도움을 받아 몇 편의 학술지 논문을 작성해 게재했다고 해도 연구하고 논문을 쓰는 데는 여전히 미숙하다. 그러니 발표를 들은 교수들의 눈에는 허점투성이다. 그걸 인정해야 한다. 자기 연구가 완벽하다는 생각은 버려야 한다. 미흡한 부분을 지적받으면, 인정하고 수정하고 보완하겠다고 답하는 게 맞다. 그리고 실제로 의견대로 수정하면 논문의 완성도는 올라간다. 평소 지도교수 외에 타 교수의 지도를 받기 어려운데 발표하면서 값진 고견을 들을 수 있으니, 오히려 감사해야 한다. 교수나 전문 연구자가 하는 발표도 엄청난 질문 공세가 이어지고, 많이 지적받을 수 있다. 보편적이고 자연스러운 학문 활동으로 이해해야 한다.

 프로포절 때와 마찬가지로 공개발표 이후 수일이 지나면 학과사무실에서 통보가 온다. 통과 여부는 전체 교수의 평가를 바탕으로 한다. 통상 학과 내 절반 이상의 교수가 합격 처리해 주면 통과된다. 절반 이상이 불합격 평가 내리면, 보강해서 한 학기 후에 다시 발표하고 평가받아야 한다. 그러니 한 번에 통과하려면 그만큼 꼼꼼히 준비해야 한다. 발표를 준비하는 과정은 참으로 어렵다. 그 어려운 과정을 두 번, 또는 그 이상 하지 않으려면 그만큼 완성도를 높여야 한다. 논문의 완성도를 높이는 방법은 동료 원생과 지도교수의 피드백을 될 수 있는 대로 많이 받는 거다. 지도교수는 늘 바빠서 특정 원생에게 많은 시간을 배려할 형편이 못 된다. 그러니 함께 공부하는 동료 원생의 도움이 절실하다.

생사의 갈림길, 심사

논문 공개발표는 다수 앞에서 하는 마지막 발표다. 발표 이후 통과가 결정됐다는 건 심사를 받을 자격을 얻은 것이다. 진정한 논문 심사는 여기부터 시작된다. 심사는 석사학위논문은 3명, 박사학위논문은 5명의 교수가 최종 승인해야 통과한다. 심사위원은 지도교수를 포함한 학내 위원과 학교 밖 위원으로 구성한다. 학내에서 2명, 학교 밖에서 3명이 심사를 맡는다. 학교 밖 외부 심사위원은 다른 학교에 재직 중인 교수나 정년 퇴임한 교수가 맡는다. 연구자가 학위를 받을지, 받지 못할지는 전적으로 이들의 손에 달렸다. 심사위원은 논문의 맨 앞부분 '인준지'에 서명하고 도장을 찍어 자기가 심사했음을 밝힌다.

서명하고 도장을 찍는다는 건, 이 논문에 관해 책임을 지겠다는 의미다. 즉, 이 논문이 학술 가치가 있고, 학위논문으로서 갖춰야 할 형식을 갖췄음을 인정하는 거다. 만약, 논문이 학위논문으로서 요건을 갖추지 못했는데 인준했다면, 학자로서 명예에 큰 손상을 입게 된다. 그래서 심사위원은 자기 명예를 걸고 냉철하고, 공정하게 심사에 임한다. 미흡하기 짝이 없는 논문에 인준 도장을 찍었다는 건, 공정하지 못했음을 인정하는 게 된다. 어느 논문이든 학계에 보고하고, 데이터베이스화해 공유하는 걸 원칙으로 한다. 그러니 허술하게 인준 도장을 찍으면 당장은 무탈하게 넘어갈 수 있을지 몰라도, 훗날 문제시될 수 있다. 그렇게 되면 학자로서 치명적 상처를 입게 된다.

학과사무실에서 최종 공개발표한 논문이 합격 처리됐다는 통보를 받으면 이때부터 지체 말고 심사 준비에 돌입해야 한다. 실상 논문 준비는 심사에 돌입하면서 본격화한다. 앞서 진행한 계획발표와 최종 공개발표는 절차적 성격이 강하다. 그러나 학위논문 심사는 논문 통과의 실질적 절차이자, 결정판이다. 심사위원의 판단에 따라 학위 취득 여부가 결정된다. 공개발표를 통과했다고 해서 모든 게 끝났다고 생각하면 오산이다. 심사를 하나의 절차에 불과하다고 생각하는 건 오판이다. 오히려 심사가 진정한 논문에 대한 평가이기 때문이다. 심사를 통과하지 못하면 한 학기 또는 두 학기를 미뤄 졸업하게 된다.

심사위원 선정은 주로 지도교수가 맡는다. 심사위원을 초빙할 때는 전문성, 연구 분야 적합성과 함께 심사 경험을 고려한다. 심사받을 원생은 학내 교수가 아니라면 잘 알지 못한다. 그러나 지도교수는 학계에 오래 머물렀기 때문에, 타 대학교수의 전공 적합도나 심사 경력, 연구자로서 자질 등을 잘 안다. 그래서 지도교수가 심사위원 초빙을 주로 담당한다. 그러나 일방적으로 선정하기보다는 심사 대상자인 원생과 협의한다. 그리고 원생이 꼭 초빙하고 싶은 위원이 있는지 확인한다. 원생이 모시고 싶다고 요청하는 교수가 전공에 적합하고, 심사할 자격이 있다고 생각하면 동의해 주기도 한다. 지도교수가 심사위원을 선정하고 원생의 동의를 얻으면 심사위원단 구성이 끝난다.

심사위원을 구성하면 곧바로 심사 날짜를 잡아 위원들이 시간을 낼 수 있는지 확인한다. 날짜가 확정되면 심사받을 원생에게 연락처를 줘서 사전에 "심사에 응해주셔서 감사하다"는 인사를 하게 한다. 원생은 공개발표 때 받은 지적 사항을 수정해 더 완성도를 높인 논문을 출력하고 제본해, 각 심사위원에 전달한다. 일일이 찾아가 인사드리고 제본한 논문을 전달하는 게 원칙이지만, 심사위원이 우편이나 이메일로 원고를 받아도 된다고 하면, 그렇게 해도 된다. 심사 대상자가 보낸 논문을 보고 심사위원들은 꼼꼼하게 검토하는 절차를 거친다. 그리고 정해진 날짜와 시간에 맞춰 심사 장소에 도착한다. 심사 장소는 대개 소규모 세미나실을 활용하는데 원생이 사전에 학교 측에 의뢰해 공간을 확보해 두는 게 일반적이다.

심사위원 중 학과 교수가 아니라면 심사 대상자의 발표를 들은 적이 없다. 그래서 심사할 때는 앞서 공개발표 때 했던

대로 프레젠테이션을 준비해 논문의 주제를 선정하게 된 배경, 연구를 진행한 과정, 연구를 통해 얻어낸 결과 등을 발표한다. 이때도 10분 남짓이 적당하다. 심사 공간에 프레젠테이션할 장비가 설치돼 있지 않으면 출력물을 인쇄해 배포하고, 그걸 이용해서 발표하면 된다. 심사 대상자가 발표하고 나면 심사위원은 큰 틀에서 논문을 읽고 난 소감을 말하고, 질문한다. 질문은 워밍업이다. 간단한 질문에 이어 심사가 본격적으로 시작된다. 심사는 대략 1시간 이상 2시간 이내 진행한다.

1차 심사

심사 대상자는 장소를 확정한 후 일찍 심사장에 가서 준비한다. 간단한 음료를 준비하고, 심사장을 배치한다. 심사위원장 자리를 중앙에 배치하고 나머지 위원의 자리를 위원장 좌우로 배치하는 게 일반적이다. 심사 대상자는 필기도구와 노트를 준비해 심사위원들이 지적하는 보완 사항을 한 마디도 놓치지 않고 기록할 준비를 한다. 녹음할 수 있는 기기를 준비하는 것도 잊어선 안 된다. 지적 사항을 일일이 받아적지 못할 수 있으니, 녹음해서 확인해야 한다. 심사위원들은 심사 대상자가 사전에 보낸 논문 제본을 가져와 구체적인 보완 사항을 지목하기 때문에, 심사 대상자도 본인 몫의 논문 제본을 준비해 가야 한다.

심사가 시작되면 위원장이 좌장을 맡아 진행한다. 위원장은 위원에게 순서를 정해주고 한 명씩 순차대로 논문에 관해 평가하게 한다. 그러면 심사위원은 순차대로 자기가 논문을 읽고 느낀 점, 눈에 띈 지적 사항을 말해준다. 정해진 시간은 없지만, 한 명의 심사위원당 20분 남짓한 시간에 걸쳐 지적 사항을 말한다. 앞서 밝힌 대로 심사위원은 학자로서 명예를 걸고 심사에 임하기 때문에, 가혹하리만큼 송곳 질문과 지적 사항 나열을 이어간다. 심사위원의 지적 사항을 들으며 심사 대상자는 눈이 번쩍 떠지기도 하고, 하늘이 노래지는 경험도 한다. 이전까지 듣지 못한 심도 있는 질문과 지적 사항이 쏟아지기 때문이다.

지금껏 동료 원생이 해주었던 피드백과 차원이 다른 평가가 이어진다. 융단폭격하듯 질문 공세를 퍼붓기도 한다. 심사받는 이는 '이러다가 심사 통과 못 하겠구나' 싶은 생각이 든다. 그만큼 신랄한 비판과 지적이 쏟아진다. 물론 중간중간에 격려하는 말과 칭찬하는 말을 곁들이기도 한다. 하지만 대개는 지적하는 내용이다. 심사위원 한 명의 지적 사항만 들어도 논문을 새로 쓰는 게 낫겠다는 생각이 들 정도로 혹독한 평가가 이어진다. 혹독한 지적 사항이 이어질수록 심사받는 이의 불안감과 두려움이 커진다. 중간에 자리를 박차고 나가 도망치고 싶다는 생각이 들기도 한다.

이렇게 5명 심사위원의 지적 사항을 모두 받아 적으면 금세 노트 서너 장 분량이 된다. 중복되는 지적도 있고, 전혀 새로운 지적도 있다. 앞서 계획발표나 공개발표를 할 때도 학과 교수들의 지적이 나오지만, 심사할 때와 비교할 바는 못 된다. 그건 책임감의 차이에서 비롯된다. 마지막 도장을 찍고 논문을 인준해 주는 역할을 하는 심사위원은 더 신중하고, 가혹해질 수밖에 없다. 어설프게 봐주기로 일관하다가 훗날 함량 미달의 논문이 탄생했을 때 직접 책임 당사자가 되기 때문이다. 더욱이 심사위원에 참여할 정도라면 그 교수는 이미 관록 있는 베테랑급이다. 계획발표나 공개발표 때 코멘트 해준 교수는 심사위원만큼 책임감을 느끼지 않으니, 세세한 부분을 지적하지는 않는다. 반면 심사위원은 세세한 형식까지 챙겨 보면서 지적할 내용을 찾는다. 그건 학자의 양심과 연결된다.

5명의 심사위원이 쏟아낸 모든 지적 사항은 한결같이 금과옥조다. 심사받는 이는 심사 시간이 이어질수록 불안감이나 두려움은 점차 누그러지고, 오히려 머릿속이 밝아지는 걸 느낀다. 머릿속에 환한 불이 켜지는 느낌도 든다. 그동안 준비 과정에서 오랜 시간 논문과 씨름했기 때문에 어설프게나마 논문이 무언지, 연구가 무어고, 학문이 무언지 윤곽이 잡혀있던 심사 대상자는 5명 고수의 의견을 들으며 차곡차곡 정리되는 느낌이 든다. 분야 최고의 베테랑급 교수 5명에게 장시간에 걸쳐 집중적인 지도를 받은 일이 없기 때문이나. 어미어마한 지적을 받지만, 한편으로는 논문이 무언지 깨닫는 경험을 한다.

심사위원 저마다의 평가와 질문이 끝나면 위원장은 심사 대상자에게 잠시 심사장을 떠나 있게 하고 심사위원끼리 회의와 토론을 진행한다. 그러면서 1차 심사 통과 여부를 결정한다. 심사받는 원생은 밖에 나가, 초조한 마음으로 결과를 기다리다가, 10분 정도의 시간이 지난 후에 부름을 받고 다시 심사장으로 입실한다. 그러면 심사위원장이 회의 결과를 통보한다. 합격 의견을 내면 2차 심사 준비에 들어가게 되지만, 불합격 의견을 내면 다음 학기에 다시 심사받을 수 있게 준비해야 한다. 합격하면 심사위원들은 격려와 함께 지적 사항을 충분히 보완해 다음 심사에 임해달라는 주문을 한다.

  1차 심사 후 2차 심사까지는 대개 열흘 남짓한 시간이 걸린다. 1차 회의를 마친 위원들은 2차 심사 날짜를 확정한다. 1차 심사를 마치고 2차 심사를 받을 때까지의 시간이 심사받는 원생에게 가장 어려운 시간이다. 저마다 지목한 수정 사항을 기반으로 논문을 대대적으로 고쳐야 한다. 심사에서 지적받은 내용을 모두 수정하다 보면 상황에 따라 전체 논문을 다시 쓰는 것만큼의 대대적인 보완이 필요하다.

2차 심사

1차 심사가 끝나고 2차 심사까지 대략 1주일에서 열흘가량이 걸린다. 이 기간이 전체 대학원 생활 중 가장 힘들고, 고된 기간이다. 1차 심사 때 받은 어마어마한 수정 보완 사항을 단기간에 실행해야 한다. 1차 심사에 임할 때까지 여러 교수와 동료 원생의 피드백을 받고 수없이 많은 수정 보완을 했지만, 1차 심사 후 2차 심사를 받을 때까지 수정 보완해야 할 거에 비하면 조족지혈이다. 어쩌면 한 편의 논문을 다시 쓰는 정도로 보완해야 한다. 낮 동안 현업에서 일하는 직장인이라면, 밤을 이용해 수정 보완 작업을 해야 한다. 주어진 시간은 한정적인데, 수정하고 보완해야 할 부분은 넘쳐난다. 논문 최종 통과를 위해 잠을 줄여가며 준비해야 한다.

수정 보완할 때는 가장 먼저 수정 대차대조표를 만든다. 전체적으로 지적받은 사항과 심사위원별로 요구한 수정 사항을 한눈에 알아볼 수 있게 표를 만드는 거다. 수정 대차대조표에는 심사위원명, 수정 요구 사항, 수정 후 보완한 내용을 일목요연하게 정리한다. 누가 봐도 요구 사항을 어떻게 반영했는지 알아볼 수 있게 정리한다. 그래야 심사 대상자 본인도 하나하나 체크하며 정리할 수 있고, 2차 심사 때 심사위원들에게 제출할 수 있다. 요구하는 이는 말 한마디일 수 있지만, 실제 수정하는 심사 대상자는 모든 에너지를 쏟아붓는 막판 스퍼트다. 극도의 초조함과 피곤을 경험하는 때다. 꼬박 밤을 새우기도 한다.

1차 심사 때 요구받은 수정 보완 사항을 모두 완료하면 다시 완성한 논문을 제본해 심사위원들에게 전달한다. 이때 수정 대차대조표를 함께 제출한다. 제출할 때는 출력해 제본하는 걸 원칙으로 하고, 이메일로도 발송한다. 수정하고 보완한 내용을 심사위원이 충분히 살펴볼 수 있게, 2차 심사보다 최소 며칠 앞서 완성본을 전달하는 게 원칙이다. 완성본을 제출한 후 갖게 되는 안도감과 휴식은 달콤하기 그지없다. 심사위원들에게 일일이 전화를 걸어 수정분을 발송했음을 알리는 것도 잊으면 안 된다. 특히 지도교수에게 직접 찾아가 전달하고, 2차 심사에 대비해 준비해야 할 것이 무언지 조언을 구한다. 심사에 돌입하면서부터 지도교수는 평가자라기보다는 심사 대상자와 한 팀이 된다.

2차 심사 때도 1차 때와 같이 공간을 사전에 확보하고, 좌석 배치를 한다. 심사가 시작되면 심사 대상자는 수정 대조표를 중심으로 1차 심사 때 요구받은 수정 및 보완 사항을 어떻게 조치했는지 설명하는 시간을 갖는다. 그러면 다시 심사위원이 돌아가며 평가한다. 이때 추가로 수정 보완 사항이 나올 수 있다. 1차 심사 때 지목한 사항이 제대로 수정됐다고 확인하면 추가 주문 없이 "수고했다"라고 격려의 말을 건네기도 한다. 1차 때와 비교해 2차 때는 심사위원들의 목소리가 한결 부드러워진다. 표정도 가볍고 환하다. 1차 심사 때처럼 오랜 시간이 걸리지도 않는다. 학위논문으로 갖춰야 할 형식과 내용에 맞게 제대로 수정했는지를 확인하는 정도다.

 심사가 종료되면 1차 때처럼 심사 대상자에게 잠시 밖에 나가 대기하라고 하고 심사위원 회의를 한다. 복도에서 초조하게 기다리기를 10여 분이 지나면 재입실하라고 사인이 온다. 그러면 심사위원장이 심사 대상자를 앞혀놓고 전체적인 심사평을 한다. 그러면서 합격 또는 불합격 여부를 알린다. 심사위원장이 "합격"이라고 통보하는 순간 박사가 탄생하는 거다. 심사위원들은 위원장의 심사 통과 선언 직후 논문 저자에게 악수하며 축하의 말을 건넨다. 이때 "축하드립니다. 김 박사님! 이제 박사십니다. 그간 고생 많으셨어요."라고 말한다. 논문을 준비하며 겪은 고통의 마침표를 찍는 순간이다. 이때 왈칵 눈물을 쏟는 이들도 많다.

 2차 심사에서 합격 통보를 받으면 모든 절차는 끝난다. 그리고 각 심사위원은 미리 준비한 인준지에 서명하고 도장을 찍는다. 완성된 논문을 보면 인준지가 앞부분에 첨부돼 있지만, 그건 나중에 삽지로 넣은 거다. 현장에서는 심사 대상자가 별도의 인준지를 준비해 간다. 2차 심사 때도 추가로 수정과 보완을 요구받기도 한다. 1차 때처럼 많은 양은 아니다. 2차 심사 때 추가로 수정 사항을 요구받더라도 심사를 다시 열지는 않는다. 수정할 부분만 수정해서 지도교수에게 승인받으면 된다. 물론 수정한 논문을 각 심사위원에게 이메일로 전달하는 건 기본이다. 심사위원의 역할은 여기까지다.

논문 심사 통과 여부는 지도교수가 학과사무실에 전달한다. 2차 심사 때 인준지에 서명과 도장을 받고 나면 예비 박사가 된다. 정식으로 박사가 되는 건 학위수여식 이후다. 모든 심사 과정을 마치고 나면 대학본부 대학원 사무실에서 연락이 온다. 간단한 설문조사를 한다. 그리고 학위논문을 학교 도서관에 제출하는 방법을 안내해 준다. 학내에서 박사 또는 석사학위 예정자 전체를 대상으로 하루 날 잡아 논문 제출 방법을 교육한다. 학교 도서관에 제출하면 학술연구정보서비스(RISS)에 업로드된다. 과거에는 일정 수량의 논문 제본을 제출하도록 했으나, 언젠가부터 PDF 파일만 제출하면 된다. 출력한 논문을 꼭 제출하는 학교도 있다.

논문 심사위원의 선정

앞서 밝혔듯 논문 심사위원은 심사 대상자인 원생과 지도교수가 협의하여 선정한다. 박사학위 심사위원 5명을 예로 들면, 우선 지도교수가 반드시 낀다. 지도교수는 심사 전까지는 평가자 위치지만, 심사가 시작되면 심사받는 원생과 원팀이 된다. 지도교수는 1차 심사 때 다른 심사위원들이 융단폭격하듯 지적 사항을 쏟아내지 않는다. 오히려 다른 심사위원의 지적 사항을 수용하며, 심사받는 원생이 준비해야 할 사항을 기록했다가, 심사 후에 따로 만나 2차 심사를 어떻게 준비해야 할지 코칭해 준다. 제자인 원생의 위치에서 어떻게 하면 2차 심사를 무사통과할 수 있을지 함께 고민해 준다.

심사위원장은 연령과 경력 면에서 가장 선배인 교수가 맡는 게 상례다. 심사위원을 선정할 때부터 지도교수는 누구를 심사위원장으로 정할지 원생과 상의한다. 심사위원장은 전체 심사를 진행할 뿐 아니라, 심사 통과 여부를 확정하는 데 가장 지대한 역할을 한다. 심사위원 간 의견이 엇갈려 불일치할 때 심사위원장이 조율하면서 의견을 모아가는 역할을 한다.

전체 심사를 진행하면서 일정을 조율하기도 하고, 심사 과정에서 발생할 수 있는 여러 상황을 중재하기도 한다. 특히 심사 결과를 발표하는 것도, 심사위원장의 몫이다. 심사위원장은 논문 심사의 성공적인 진행과 연구의 질적 수준을 보장하는 데 핵심적인 역할을 한다. 이 역할은 심사위원과 연구자 간의 가교역할을 수행하며 학술적 신뢰성을 유지하는 데 기여한다.

5명의 심사위원장 중 지도교수를 포함해 2명은 학내 교수가 맡는다. 지도교수 외 다른 한 명은 심사받을 논문과 관련한 연구 캐리어를 갖고 있거나, 해당 논문이 진행한 연구 방법에 능통한 교수가 맡는다. 그래야 더 알찬 논문 심사를 할 수 있다. 교수들 간 논문 심사는 일종의 품앗이 개념이다. 심사의 전문성과 수고로움, 책임에 비해 비교적 적은 보상이 이루어진다. 그래서 심사위원을 맡는 일이 썩 반가운 일은 아니다. 그래서 교수 간의 품앗이로 서로 심사위원을 맡아준다. 심사위원으로 참여해 준 교수의 제자 원생이 논문 심사를 받을 때 심사위원으로 참여해 빚을 갚는 형식이다.

심사위원 중 3명은 타 학교 교수 또는 퇴직교수가 맡는다. 심사의 공정성과 객관성을 확보하려는 조치다. 이 또한 품앗이 개념이 작동한다. 가뜩이나 바쁜 교수 생활을 하면서 멀리 다른 학교로 논문 심사를 다니는 일은 쉽지 않다. 논문 심사를 위해 먼 거리를 왕래하기도 어려운데, 심사를 위해 완성도가 높지 않아 거칠게 쓴 글을 읽고 부족한 점을 찾아내 지목하는 일은 쉽지 않다. 과거처럼 논문을 심사받는 자가 심사비 외에 별도의 금품이나 향응을 제공하지 않으니, 보상은 수고에 비해 턱없이 적다. 훗날 잘못되면 법적 또는 윤리적 책임을 져야 할 일이 생길 수도 있으니, 논문심사위원을 반기는 교수는 거의 없다.

  논문 심사가 진행되는 동안 심사위원이 얼마나 수고스러운 일을 하는지 심사받는 원생은 지켜본다. 그런데 음식 대접을 할 수도 없고, 사례금을 전달할 수도 없다. 오히려 지도교수가 마련하는 식사를 대접받기도 한다. 마음이 불편할 수밖에 없다. 그러나 모든 심사가 끝나고 인준지에 도장을 받고 나면 상황은 달라진다. 심사 통과 이후에는 조건도 없어지고, 이해관계도 사라진다. 감사의 마음이 남을 뿐이다. 그래서 모든 심사가 종료된 후 심사를 통과한 원생이 간단한 음식 대접을 하거나, 약소한 답례품을 준비해 찾아가 인사드리기도 한다. 심사 이후에는 심사의 편의를 봐달라는 뇌물이 아닌 진정한 감사의 표현이기 때문이다.

엄숙한 의식의 장

　학위논문 계획발표나 최종 발표는 다수의 대학원생이 참여한다. 발표자도 많지만, 청중도 많다. 학과 규모에 따라 차이가 있지만, 교수와 대학원생 수가 많은 학과는 대형 강당에서 진행하고, 소규모 학과는 작은 회의실 등에서 진행하는 게 일반적이다. 발표자에게 주어진 시간은 대략 20분 남짓으로 10분간 발표하고, 10분간 의견을 듣고 디펜스하는 게 일반적이다. 실상 발표 시간 10분은 길지 않은 시간이다. 질의와 응답에 할애된 10분도 긴 시간이라 할 수 없다. 물론 직접 발표하고 질문에 답하는 당사자에게 대단히 긴 시간이라 여겨질 수도 있다. 발표는 변수도 많다. 유독 날카로운 질문을 하기로 알려져 발표자에게 공포심을 안기는 교수가 참석하지 않을 수도 있고, 앞선 질문과 답변이 길어져 매서운 질문을 피할 수도 있기 때문이다.

　하지만 심사는 다르다. 심사는 오로지 한 명이 참여하는 독무대다. 시간도 대략 1시간 30분에서 2시간가량이 걸린다. 그 긴 시간 오로지 혼자 5명 교수가 쏟아내는 질문을 받아내야 한다. 그러니 다수가 순차로 발표하고 의견을 듣는 계획발표나 공개발표와는 차원이 다르다. 이런 심사는 1차와 2차로 나눠 두 번 진행한다. 학위논문 심사는 법적 행위이다. 심사위원은 학위논문으로 형식과 내용이 부족한 논문에 합격 도장을 찍어주면, 훗날 도덕적 비난과 법률적 제재를 받을 수 있다. 심사위원은 막중한 책임감을 느끼며 심사에 임한다. 그래서 심사 내내 긴장감이 감돌고 엄숙한 분위기가 이어진다. 심사 진행 순서는 엄격한 절차에 의해 진행한다.

1차 심사는 2차에 비해 더욱 엄격하고 가혹하다. 전공 분야 최고의 전문가인 교수 5명이 새내기 연구자에게 집중해서 수정 사항을 지적하고, 질문을 퍼붓는다. 미처 경험해 보지 않았더라도 대략 상상할 수 있다. 고수의 눈으로 보면 초보자의 논문은 형식 면에서나 내용 면에서나 허점투성이일 수밖에 없다. 그러니 심사위원 혼자서도 1시간 이상을 지적할 수도 있다. 그만큼 초보자의 논문은 허술하다. 게다가 박사학위 논문은 분량도 많으니, 문제를 발견할 곳은 넘친다. 1차 심사 때 지적받은 바를 근거로 논문 수정을 하고 2차 심사에 임한다. 2차 심사 분위기는 한결 부드러워진다. 요구한 대로 논문이 잘 수정되었는지 파악하는 데 집중하기 때문이다.

심사장은 엄숙 그 자체다. 심사받는 자는 입이 타들어 가고 긴장감이 극도에 달할 수밖에 없다. 학문 분야 최고의 권위를 인정받는 박사학위 통과 여부를 최종적으로 결정하는 자리니 대충이란 없다. 심사위원은 심사위원장의 진행에 따라 순서대로 심사에 임한다. 모든 심사를 마친 후에는 회의를 통해 심사 통과 여부를 결정한다. 5명의 심사위원 중 1명이라도 동의하지 않으면 심사는 통과할 수 없다. 박사학위는 5명 심사위원이 만장일치로 합격 처리를 해야 통과할 수 있다. 논문 앞부분에 작성한 인준지에 서명하고 도장을 찍어야 최종 합격한다. 마지막 도장이 찍히는 순간 박사가 탄생한다.

심사위원장이 모든 심사위원과 심사 대상자 앞에서 최종 통과를 선언해야 절차가 끝난다. 심사위원장의 발표 후 나머지 심사위원은 박수로 축하의 메시지를 보내고, 일일이 악수하며 노고를 위로하고, 격려한다. 논문 통과자는 도서관에 최종 논문을 제출하는 절차를 밟게 되고, 지도교수는 학과사무실에 심사 절차를 마쳐 박사학위자가 탄생했음을 공식적으로 알린다. 2회에 걸친 엄격한 논문 심사 과정을 거치는 동안 심사 대상자는 정신적, 육체적으로 매우 힘겨운 시간을 보낸다. 힘겨운 시간을 보낸 만큼 2회의 심사를 통해 참으로 많은 것을 배운다. 논문에 관해 알게 되는 건 당연하고, 학계의 분위기와 절차 등에 관해 느끼고 배운다.

대학원 과정은 발표하고, 토론하고, 지적받고, 그걸 수용해 수정하는 과정을 무한 반복한다. 혼자 교과서 내용을 암기하고 그걸 시험을 통해 평가받는 초중고나 과정과는 학습이란 개념 자체가 다르다. 물론 대학 학부 과정도 초중고 과정과 크게 다르지 않다. 대학 4년을 다니면서 변변히 발표하고 토론할 기회를 가져보지 못하는 게 국내 교육의 현실이다. 대학원 재학 중 반복하는 발표를 통해 축적한 노하우를 바탕으로 최종 평가를 받는 무대가 학위논문 심사다. 그러니 엄숙하고 체계적으로 진행하는 건 당연하다. 논문 심사 때가 아니면 혼자서 5명의 교수에게 2시간 가까이 집중적인 지적을 받을 일이 평생에 또 있을까. 아마 없을 거다. 그러니 그 또한 학자가 되는 절차라 여기고 달게 받아들여야 한다.

발표의 기술

 대학원 재학 내내 발제와 발표를 생활화한다. 편한 자리에서 별도의 격식을 갖추지 않고, 페이퍼 복사물을 배포하고, 설명하는 정도의 발표부터 합격과 불합격을 놓고 교수들 앞에서 엄격하게 진행하는 발표까지 다양하다. 대학원에 다니면서 만나는 많은 원생은 성별, 연령, 직업도 다양하다. 실력의 편차도 크다. 여기서 말하는 실력에는 여러 가지가 포함된다. 한 전공을 이어오는 이들은 아무래도 전공을 바꿔 입학한 이들보다 전공 분야 지식이 풍부하다. 그 편차를 줄이는 방법은 열심히 학습하는 거다. 특히 전공 서적과 논문을 많이 읽어야 그 편차를 따라잡을 수 있다. 컴퓨터 실력도 편차가 크다. 늦깎이 대학원생은 젊은 세대에 비해 컴퓨터 활용이나 조작 능력이 떨어진다.
 많은 실력 차이 중에도 발표력의 차이는 유별나게 크다. 그래서 발표력을 키우는 게 참으로 중요하다. 대화를 나눠보면 전공지식을 비롯해 해박한 상식을 가진 원생이 있다. 그런데 그들이 막상 발표장에 서면 얼음처럼 굳어진다면 문제가 심각해진다. 발표야말로 기술이다. 발표할 내용을 축약해서 잘 정리하고 그것을 또렷하게 전달하는 건 대학원생을 포함해 학계에 몸담으려 하는 이에게 절대적으로 필요한 기술이다. 그러나 그 능력을 갖추지 못한 이들이 의외로 많다. 자료를 깔끔하게 요약해서 정리하는 기술이 떨어지는 이도 있고, 발표대에 서서 우물거리기만 할 뿐 청중에게 자신의 메시지를 잘 전달하지 못하는 이들이 많다.

프레젠테이션의 경우 차이가 극명하다. 프레젠테이션은 발표를 위한 문서다. 그러니 장황하면 안 된다. 시각적으로 눈에 잘 들어오도록 글자 수를 최소화하되, 구성이 탄탄해 논리적으로 연결이 잘 돼야 한다. 그런데 다수의 원생이 발표하는 걸 지켜보면, 아주 작은 글씨로 빼곡하게 화면을 채워 가독성이 떨어지게 자료를 준비해 오는 사례가 아주 많다. 그런 자료를 준비해 오는 이들은 한결같이 전체 내용을 읽기 바쁘고, 설명하지 못한다. 정해진 발표 시간을 초과하기 일쑤다. 고생스럽게 만든 자료를 제대로 활용하지 못하는 거다. 심지어는 주어진 시간의 절반도 발표하지 못하는 이들도 있다. 경험 부족이자 이해 부족이다.

프레젠테이션할 때 시선은 청중과 화면을 번갈아 보되 가능하면 청중에 더 많은 눈길을 주어야 한다. 그런데 청중은 안중에 없고 혼자 화면만 보면서 읽기에 바쁜 이들이 대다수다. 그건 발표가 아니다. 발표는 내가 전달하고자 하는 내용을 청중이 가장 쉽게 이해할 수 있게 청중의 눈높이로 진행해야 한다. 그러면서 발표하는 내내 청중의 반응을 살펴야 한다. 청중은 답답해하고 이해하지 못하는 표정을 짓는데, 발표자가 혼자 자료를 읽기에 바쁘다면 실패한 발표다. 학회에서 발표할 때, 논문 계획발표나 공개발표를 할 때, 논문 심사 때 심사위원 앞에서 발표할 때처럼 중차대한 발표를 세련되게 하지 못하면 낭패를 보기 십상이다.

표정은 자신감을 담아야 한다. 자신 없이 쭈뼛거리고 너무 작은 목소리로 발표하는 이들은 청중에게 답답함을 준다. 말에 고저장단이 없이 같은 톤으로 시종일관 작은 목소리로 발표하면 듣는 이들은 심한 답답함을 느낀다. 우물우물하며 부정확한 발음으로 말하는 이들도 자주 보인다. 발표자는 할 말을 다 한다고 생각하지만, 듣는 이는 제대로 알아듣지 못한다. 아는 게 많고, 훌륭한 논문을 준비했어도 발표력에서 뒤처지면 제대로 인정받지 못한다. 발표력의 부족은 선천적인 문제라고 생각할지 모르지만, 전혀 그렇지 않다. 반복해서 연습하면 극복할 수 있다. 또, 발표력을 인정받는 이들 앞에서 시연해 보이고 피드백을 받으며 교정해 가면 일취월장 발전이 가능하다.

초 죽음 3개월

내 개인 생애를 통해 육체가 가장 힘들었던 때는, 입대 직후 훈련소에서 기초군사훈련을 받고, 자대에 배치돼 호된 신고식을 치르던 3~4개월 남짓한 기간으로 기억한다. 그 기간 정신도 육체만큼이나 힘들었던 거로 기억한다. 기억에 남을 만큼 힘들었던 기간이 또 있으니, 그게 바로 박사학위논문 통과 직전 3~4개월간 발표와 심사가 이어진 때다. 이때 역시 육체적 한계를 경험했고, 극도의 스트레스를 맛봤다. 이 기간을 '초 죽음 3개월'이라고 표현하고 싶다. 박사학위가 어렵다는 얘기는 하도 많이 들어서 익히 잘 알고 있었지만, 실제 경험하니 한계를 드러낼 만했다. 포기하고 한 학기 미룰까, 싶은 고민도 여러 번 했지만, 결국 다음 학기에도 맞아야 할 고통이기에 참고 견뎌냈다.

가장 힘든 건 일단 물리적 시간이 부족하다는 점이다. 부족한 시간을 확보하려면 첫째가 잠을 줄이는 거다. 잠을 줄여야 하는 지경이면 그 밖의 다른 시간을 줄여야 하는 건 당연하다. 줄일 수 있는 시간은 모두 줄여야 한다. 어떤 약속도 잡지 말고, 허투루 보내는 시간을 모두 없애야 한다. 그렇게 시간을 확보해야 논문을 완성할 수 있다. 발표하고, 심사받을 때마다 수정과 보완을 요구하는 전문가의 충고가 이어진다. 요구 사항을 받아적고, 그걸 바탕으로 실제 논문을 수정하는 일은 말처럼 쉽지 않다. 논문을 쓰면서 논문에 관해 알아가다 보면 누군가가 내게 던져주는 코멘트가 얼마나 실효적인지 알게 된다. 그러니 고쳐야 한다는 사실도 안다. 안 고칠 수가 없다.

피드백 중에는 간단한 내용도 있다. 그러나 논문 전체의 틀을 바꿔야 하는 코멘트를 받는 일도 있다. 내 사례를 간단히 소개하면 질적연구 중 내러티브 방식의 연구법을 선택해 모든 연구 결과를 작성했는데, 학과 내 최종 공개발표 때, 질적연구 대가로 인정받는 학과 내 교수 한 분이 "내러티브보다 사례연구가 더 적합해 보인다. 바꾸는 게 좋을 거 같다"라고 코멘트 했고, 지도교수도 수긍했다. 도저히 안 바꿀 수 없는 상황이었다. 연구 방법을 바꾸니 연구 결과 부분의 집필 순서를 모두 뒤엎어야 했다. 거의 다시 쓰는 수준으로 새롭게 집필했다. 꼬박 사나흘 간 작업을 했다. 연구 결과 부분을 수정했으니, 논의 부분과 결론 부분을 다시 써야 하는 건 당연했다.

이건 하나의 사례일 뿐이다. 몇 차례 논문을 갈아엎고 다시 쓰다시피 한 여러 건이 있었다. 논문 심사를 마쳐 최종 통과돼 합격 통보를 받기까지 막판 3~4개월간은 평균 수면 시간이 3시간 안팎이었다. 수면 시간이 부족한 데다 극도의 스트레스를 받으니 몸 상태가 말이 아니었다. 입맛을 잃어 식욕이 떨어지고, 에너지가 방출돼 기력이 떨어졌다. 가장 고통스러운 건 잇몸병이었다. 수면 부족과 스트레스가 이어지니 잇몸이 붓고 이가 아팠다. 음식을 씹을 때마다 심한 통증이 밀려왔다. 자연스럽게 음식 섭취가 줄어들 수밖에 없었다. 불과 서너 달 사이에 4kg 이상 체중이 줄었다. 보는 사람마다 "무슨 일 있는 거냐. 어디 아픈 거냐"고 물어 일일이 대답하기 어려웠을 정도다.

스트레스는 얼마나 심했겠는가. 하루에도 몇 번씩 포기하고 싶은 마음이 들었다. 통과하지 못할 거 같은 불안감과 공포감이 밀려왔다. 그걸 극복하기가 참으로 어려웠다. 다가오는 발표와 심사 날짜, 그에 앞서 원고를 완성해 논문을 평가하거나 심사해 줄 교수들에게 출력한 원고 제본을 보내야 하니 마음은 다급하기만 했다. 한 고비 넘을 때마다 서서히 자신감이 생기고, 물러설 수 없다는 의지가 생겼다. '이 고통을 겪지 않고 박사가 된 사람은 없다'라고 스스로 생각하며 버텼다. 마지막 2차 심사를 통과해 심사위원장이 "수고하셨습니다. 김 박사님!"이라고 말해줄 때 비로소 모든 고통이 끝났음을 실감했다. 고통의 시간을 보내며 충분히 자고, 쉬는 게 얼마나 소중한지 깨닫는다.

논문이 뭔지 깨닫는 순간

　박사학위논문을 제출할 자격을 얻기 위해 일정 편수 이상의 논문을 학술지에 발표해야 한다. 학술지 논문을 쓰면서 연구하고, 논문 쓰는 일이 얼마나 어려운 일인지 절실히 깨닫는다. 그러면서 논문이 뭔지 조금 알 것 같은 느낌이 든다. 개인 편차는 있겠지만, 학술지에 주저자로 한두 편의 논문을 게재했다고 해서 논문에 관해 제대로 알았다고 하면 인정하기 어렵다. 논문이 뭔지 감을 잡았다, 정도로 표현하는 게 옳을 듯하다. 그렇다면 논문에 관해 제대로 알게 되는 건 언제일까. 경험에 의하면 학위논문을 완성하는 무렵일 듯하다. 학위논문을 마지막 정리할 무렵이면 '아! 논문이란 게 이런 거구나' '논문 이렇게 쓰는 거구나' 하는 깨달음이 온다.

　일반대학원에서 제대로 석사학위논문을 써 본 경험이 있다면 모를까, 그렇지 않은 원생 대부분 100장 넘는, 때에 따라 400장에 이르는 긴 글을 써 볼 기회가 없었을 거다. 물론 개인 집필을 통해 그보다 많은 분량의 원고를 써 본 이들도 있겠지만, 흔한 사례는 아니다. 교수나 전문 연구원도 박사학위논문을 끝으로 더는 수백 장에 이르는 논문을 쓸 일이 없다. 수백 장 분량의 논문을 요구하는 학술지는 없다. 그러니 박사학위논문은 그 어떤 논문보다 분량이 많은 논문이라 하겠다. 석사학위논문과 비교해도 2배 가까운 분량을 써야 하는 게 박사학위논문이다. 그냥 자기 생각을 쓰는 게 아니라 학술적으로 검증된 내용만 담아야 하니, 분량을 채우는 것만으로도 고통이다.

박사학위논문을 쓰고 나면 논문이 눈에 보이고, 손에 잡힌다. 논문을 어떻게 써야 할지 감이 잡힌다. 그래서 인고의 세월을 견디며 방대한 분량의 논문을 쓰도록 규정하는 거다. 어쩌면 박사학위논문이 요구하는 건 내용보다 형식인 듯하다. 또한, 고통을 극복하고 연구를 이어가고 수없이 반복해 수정하고 보완하며, 긴 글을 쓸 수 있는 학자의 지구력을 입증해 보이는 성격이 있다. 박사학위논문을 쓰면서 논문이 갖춰야 할 형식을 제대로 익힌다. 특히 왜 이런 요소를 일일이 삽입해야 하는지 스스로 깨닫는다. 고통이 지속될수록 논문에 대한 이해도는 깊어진다. 그래서 박사학위논문을 완성하고 나면, 혼자 학술지 논문을 쓸 수 있다는 강한 자신감이 생긴다.

혼자 힘으로 새로운 연구 주제를 잡아 실행하고, 그걸 논문으로 작성해 학술지에 발표할 수 있는 능력을 갖추면 '학자'라고 칭한다. 박사학위논문을 마치고 나면 그런 능력을 갖출 수 있게 돼 통칭 박사학위자를 학자라고 부를 수 있다. 박사학위논문을 작성하고, 그 논문이 여러 단계를 거쳐 최종 심사를 통과하는 과정을 통해 학자로서 능력을 갖추게 된다. 박사학위논문의 심사를 까다롭게 하고, 학위논문 작성 전에 학술지 논문 일정 편수를 게재하게 하는 건, 고통을 안기려는 의도가 아니다. 그런 훈련 과정을 통해 혼자 연구하고, 논문을 쓸 수 있는 능력을 갖춘 학자로 성장하는 길을 제시하는 거다.

이런 상황을 이해하고, 긍정적 생각을 가져야 학위논문을 제대로 준비할 수 있고, 거부감 없이 쓸 수 있다. 박사가 되고, 학자가 되는 길이 만만할 리 없다. 그 고통스럽고 어려운 관문을 통과해야 진정한 박사가 되고, 학자가 될 수 있다. 박사학위 논문을 쓰면서 얻는 가장 큰 소득은 논문이란 글을 이해하게 된다는 점이다. 형식도 익히게 되고. 내용을 어떻게 채워야 하는지 이해하게 된다. 또한 책 한 권 분량의 원고를 쓰면서 장문의 글을 쓸 수 있는 능력이 생긴다. 중요한 건 장문의 글을 쓰면서도 논리와 맥락을 잃지 않고, 이어갈 수 있는 능력을 갖추게 된다는 점이다.

사라진 초고

　박사학위논문 작성을 시작해 최종 완성할 때까지 여러 검증 단계를 거친다. 그 첫째 관문은 논문 작성 계획을 발표하는 프로포절이다. 프로포절 때는 일반적인 학위 논문의 5개 챕터 중 서론, 이론적 배경, 연구 방법까지 3개 챕터까지 작성해 발표한다. '이런 주제를 가지고, 이런 방법으로 연구하려는데 괜찮겠습니까'라고 전문가에게 묻는 과정이다. 연구 주제와 방법이 합당하면 통과할 수 있다. 연구계획이 통과되면 이후 제시한 방법으로 연구를 진행한다. 박사학위논문은 대개 계획발표 후 1년이 지나 전문을 완성해 공개발표를 하는 게 일반적이다. 6개월은 연구를 진행하고, 6개월은 연구 결과를 바탕으로 논문을 완성한다고 보면 된다.

　연구를 진행하는 동안 여러 변수가 생긴다. 계획한 연구 방법이 적합하지 않아 다른 연구 방법을 이용할 수도 있고, 연구 대상이 바뀌기도 한다. 그러면 계획발표를 할 때 예상했던 것과 전혀 다른 논문이 된다. 그럴 가능성은 얼마든지 있다. 어쩌면 예상과 다르게 연구가 진행되는 게 오히려 자연스러울 수 있다. 논문을 완성하면 연구 결과를 전체 교수진과 대학원생 앞에서 소개하는 공개발표를 한다. 이때 엄청난 질문을 받게 되고, 아울러 수정 보완 요구가 쏟아진다. 그 피드백을 토대로 지도교수와 상의해 전면적인 논문 보강을 진행한다. 말이 보강이지 엄청난 수정을 해야 한다.

수정을 전제로 공개발표 단계를 통과할 수도 있고, 불합격 처리돼 한 학기 후에 다시 공개발표를 하는 거로 결정될 수도 있다. 통과되면 곧바로 심사에 돌입한다. 앞서 밝힌 대로 심사는 2차례에 걸쳐 진행한다. 1차 심사는 지금껏 발표 때와는 비교할 수 없을 만큼 엄청난 수정과 보완 요구를 받게 된다. 거의 논문을 다시 써야 할 지경에 이를 수도 있다. 2차 심사를 통과하려면 1차 심사 때 심사위원이 지적한 사항을 수용해 제한된 기간에 수정해야 한다. 여기까지 오는 동안 논문은 처음 계획 단계에서 작성한 것과 전혀 다른 형식과 내용을 갖게 된다. 계획발표 때 공개한 서론, 이론적 배경, 연구 방법을 기술한 초고는 온데간데없이 사라진다.

초고는 흔적도 없이 사라지고 전혀 다른 논문이 탄생한다. 물론 초고를 기반으로 논문이 완성되는 예도 있다. 그러나 그런 예는 아주 지극히 드물다. 쏟아지는 수정 요구 사항을 수용해 고치기를 반복하면, 초고는 형태를 찾아보기 어렵다. 초고가 자취를 감추고 전혀 다른 논문이 되었다고 해서 그걸 잘못됐다고 생각할 필요는 전혀 없다. 그렇게 많은 수정을 거쳐 새로운 형태로 만들어진 게 오히려 좋은 논문이라 할 수 있다. 수정 요구는 연구 전문가인 교수들이 오랜 경험을 통해 축적한 노하우를 전수하는 것이다. 베테랑 연구자는 논문의 미흡한 점과 오류를 금세 파악할 수 있다.

초보 연구자인 박사과정생의 눈에는 보이지 않는 부족한 점이 교수들의 눈에는 보인다. 그러니 그 지적 사항을 굳이 의심하지 않아도 된다. 지적해 준 자체를 고맙게 여기고, 따르면 된다. 평지나 얕은 산에서는 보이지 않는 게 높은 산에서는 훤히 보인다. 세상일은 뭐든 오래 하고 자주 하면 잘하게 된다. 논문을 많이 써 보고, 많이 고쳐보고, 미흡한 부분을 많이 지적해 본 이들이 지적하는 바는 금과옥조다. 그 한마디 한마디 지적 사항을 듣는 것은 초보 연구자가 연구자로 성장하는 데 엄청난 자양분이 된다. 뭘 지적하는 거고, 왜 지적하는 건지를 알아듣는다면 이미 논문이 뭔지 눈을 떠가고 있다는 걸 의미한다.

완벽주의 함정

　무슨 일을 할 때 건성건성 대충 하는 사람이 있고, 완벽을 추구하는 사람이 있다. 대개는 완벽을 추구하는 이에게 후한 점수를 준다. 그러나 논문을 쓸 때, 특히 학위논문을 쓸 때는 생각을 조금 바꿀 필요가 있다. 처음부터 완벽한 논문을 쓴다고 작정하고 집필을 시작하는 게 꼭 옳다고 볼 수 없다. 앞서 밝혔듯이 학위논문은 몇 차례 발표와 심사를 거치며 전혀 다른 형식과 내용으로 변한다. 연구와 논문 작성에 최고의 전문가인 교수들의 의견이 반영되고, 더해져야 논문의 완성도를 높일 수 있다. 연구자가 완벽한 논문을 쓰기 위해 노력하는 자세는 높이 살 만하지만, 그게 왕도는 아니다.

　완벽주의의 함정에 빠지면 스트레스만 쌓이고, 진행만 더디게 진행될 뿐이다. 아울러 발표와 심사 과정에서 지적 사항을 받으면, 수용하려는 자세보다는 자신이 공을 들여 작성한 형태를 흐트러뜨리지 않으려는 고집스러운 마음이 생긴다. 그건 위험하다. 학위과정에 있는 대학원생은 배우는 사람이다. 그것도 매우 어렵고 고된 연구와 논문 쓰기를 배우는 사람이다. 자기 고집을 버리는 게 맞다. 그렇다고 초고부터 대충 작성하라는 의미는 아니다. 처음부터 내 힘으로 완벽한 논문을 쓰겠다는 생각을 버리라는 거다. 왜냐면 그건 불가능에 가깝기 때문이다.

수용적인 마음 자세를 갖고 수정 요구가 있으면, 긍정적인 생각으로 기꺼이 고치겠다고 마음먹는 게 좋다. 연구하고 논문 쓰는 게 직업인 교수나 전문 연구원도 제삼자의 피드백을 개방적으로 수용해야 한다. 자기 눈에는 보이지 않는 오류가 타인의 눈에는 쉽게 관찰될 수 있기 때문이다. 여러 경험자의 다양한 의견을 받아들일 때 좋은 논문이 된다. 그런 면에서 나 스스로 완성도 높은 좋은 논문을 쓰겠다는 완벽주의는 경계해야 한다. 누구의 논문도 완벽할 수 없다. 많은 이들의 의견을 수용하는 개방적인 자세를 가질 때 논문의 질은 올라간다. 논문은 많이 지적받고 다른 견해를 가진 이의 충언을 받아들이며 발전한다.

성격적인 문제를 잠시 언급하면 소심함도 극복해야 할 대상이다. 발표하고 심사하는 과정에서 논문에 관해 아주 심한 평가를 받는 일이 허다하다. 너무 혹독한 나머지 평가받는 이가 자괴감이나 수치심을 느낄 정도의 평가를 받기도 한다. 발표자를 세워놓고 여럿이서 혹독한 평가를 쏟아내면 정신이 혼미해진다. 이럴 땐 마음을 단단히 먹어야 한다. '그럴 수도 있다' '내게 도움이 되는 말이다' '요구하는 대로 고치면 된다'

라는 정도의 마음을 먹고 의연하게 받아들여야 한다. 지나치게 소심한 성격의 소유자는 상처를 입고, 논문을 더 써나갈 의지를 잃기도 한다. 그건 안 된다. 누구나 배우는 과정에서 혹독한 평가를 받는다. 달게 받아들이고, 오히려 고마운 마음을 가져야 한다. 내 논문의 질적 향상을 위해 해주는 고언이라고 여겨야 한다. 상처받고 주저앉는다고 해서 달라지는 건 없다. 오히려 손해만 커질 뿐이다.

옛말이 된 표절 시비

논문 얘기를 할 때 빼놓을 수 없는 게 표절(剽竊)[11] 시비다. 논문에서 표절은 다른 연구자의 연구 성과를 마치 자기가 이룬 성과인 양 기록하는 행위다. 한마디로 베끼기다. 남이 어렵게 이룬 학문적 성과를 도용해 자기 것인 양 쓰는 건 학문하는 사람으로서 양심을 버리는 행위다. 연구 성과를 얻기 위해 연구자는 엄청난 시간과 비용을 들여 연구에 매진한다. 그렇게 얻은 성과를 마치 자기가 이룬 것처럼 사용한다면 윤리적으로 문제가 된다. 나아가 법에 따른 제재를 받을 수도 있다. 표절은 오랜 세월 학계의 고질적인 문제점으로 인식됐다. 표절 시비에 휘말려 낭패를 본 학자가 여럿이다.

그러나 요즘은 표절에 관해 사회적 이슈가 되는 일이 그전처럼 흔치 않다. 그건 그만큼 표절이 줄어들었기 때문이다. 타인의 지적 재산을 존중하는 사회 분위기가 형성됐고, 의식도 성장했기 때문이다. 이와 더불어 표절을 할 수 없는 여건이 조성된 것도 이유다. 과거 자료의 데이터베이스화가 안 되

---

11. 시나 글, 노래 따위를 지을 때 남의 작품 일부를 몰래 따다 씀

던 시절에는 언제라도 표절 시비가 불거질 수 있었다. 그러나 디지털화, 데이터베이스화가 생활 속에서 실현되는 요즘은 표절 시비가 거의 자취를 감췄다. 온라인 표절 검사 시스템에 원본을 입력하면, 이전에 발표된 논문과 같거나 유사한 부분이 얼만큼인지 삽시간에 결과를 받아볼 수 있다.

물론 학회나 학교에 논문을 제출할 때 논문 표절 검사 확인서도 함께 제출해야 한다. 표절 검사 시스템은 매우 정교하다. 어느 부분을 얼마나 베꼈는지 정확하게 진단한다. 그러니 함부로 표절할 수 없는 시대가 된 거다. 한국 사회는 여간해 물건을 분실하지 않는다. 깜빡 잊고 고가의 물건을 두고 와도 찾을 수 있다. 서너 시간이 지난 후, 또는 다음날이나 며칠이 지난 후에 가도 웬만하면 물건을 찾을 수 있다. 이런 현상은 시민 의식의 성숙과 연결된다. 그러나 전적으로 시민 의식 성숙의 덕으로만 돌리기는 어렵다. 곳곳에 나를 감시하는 폐쇄회로화면(CCTV)이 있고, 누구랄 거 없이 스마트 기기를 보유하고 있으니 남의 물건에 손을 대는 일은 언감생심이다. 논문 표절 문제도 비슷하다. 사회가 성숙한 덕도 있지만, 디지털 기술 발전의 덕이 크다.

논문을 쓰다 보면 인용이란 표현을 많이 쓴다. 인용은 남의 말이나 글을 자기 말이나 글 속에 끌어 쓰는 행위다. 여기서 중요한 건 남의 글임을 인정한다는 점이다. 인용과 표절의 차이는 명확하다. 남의 글임을 밝히고 끌어 쓰면 인용이 되고,

남의 글이란 사실을 밝히지 않고 마치 자기의 창작물 또는 연구 성과물인 양 쓰면 표절이 된다. 논문 작성에서 인용은 권장되지만, 표절은 비난받는다. 많이 인용하는 건 그만큼 타인의 연구 성과를 참고해 많은 학습을 하는 거로 인정된다. 반면 출처를 제대로 밝히지 않고, 남의 연구 성과를 쓰는 건 표절 시비에 휘말려 도덕적 비난을 받고, 법에 따른 제재의 대상이 되기도 한다.

표절은 불가하다. 과거처럼 연구 성과의 디지털 데이터베이스화가 안 돼 있던 시절의 얘기다. 어느 논문의 어느 구절을 얼마나 인용했는지가 아주 섬세하게 드러난다. 그러니 대충 남의 논문을 조금씩 베껴 논문을 완성하겠다고 마음먹었다면 생각을 바꿔야 한다. 가능하지도 않을뿐더러 망신을 자초하는 일이 벌어진다. 학술지 논문은 표절이 드러나면 논문 게재가 취소되고, 학회의 제재에 따라 회원 자격을 잃을 수 있다. 학위논문 역시 허용되는 일정 수준 이상의 표절이 드러나면 학위 자체가 취소될 수 있다. 논문표절 검색 시스템을 이용할 때는 꽤 비싼 요금을 내야 한다. 중복 지출을 피하려면 제출하기 전 최종본을 점검받는 게 좋다.

⟨표절의 유형⟩

표절 유형	내용
직접 표절	출처를 밝히지 않고 타인이 작성한 문장을 그대로 베껴 사용
부분 표절	단어를 변경하거나 문장 구조를 변형해 사용
자기 표절	새로운 논문을 작성하면서 자기의 기존 논문 내용을 적절한 인용 없이 재사용
출처 미표기	참고문헌을 표시하지 않거나 부정확하게 인용
의도적 왜곡	타인의 연구 결과를 의도적으로 저작하거나 변형

논문의 보관

너무 기본적인 일이어서 굳이 거론하기조차 어색하지만, 조심하고 또 조심해야 할 일이어서 간단히 짚고 넘어가고자 한다. 퍼스널 컴퓨터 보급이 일반화되기 전 논문은 원고지에 썼다. 나를 사례로 학부생이던 80년대 후반부터 90년대 초반까지 상황을 되짚어 보면, 노트북은 아직 상상 밖이고, 386 펜티엄이란 컴퓨터가 보급되기 시작했다. 학생은 과제물이나 보고서를 직접 써 제출하던 시기다. 당시 학사 졸업논문을 제출해야 했다. 논문이라는 이름을 붙이기 쑥스러운 수준이지만, 몇 편의 논문을 편집 가공해 내는 짜깁기 수준이었다. 졸업논문을 학과에 제출하는데 졸업생의 절반은 원고지에 써서 내고, 절반은 컴퓨터 타이핑 출력물을 냈다.

지금 돌이켜 생각하면 그 시절 박사논문을 쓴 이들은 대략 원고지 수천 장 분량을 직접 손으로 썼을 거다. 수정이라도 해야 할 때는 어찌했을지 궁금하기도 하고, 수고로움에 안쓰러운 마음도 생긴다. 심사를 위해 제출했다가 수정 요구가 떨어지면, 일일이 펜으로 다시 썼을 테니 생각만 해도 끔찍하다. 컴퓨터로 문서를 작성해 보관하고, 공유하고, 출력할 수 있다는 것만으로도 엄청난 편의를 누리고 있다는 생각이 절로 든다. 심사위원 5명에게 그 많은 원고를 일일이 써서 제출했을지도 궁금하다. 노트북을 휴대하며 언제 어디서든 필요한 정보를 얻고, 논문을 수시로 수정하거나 내용을 첨가할 수 있음에 깊이 감사할 따름이다.

박사학위논문은 분량이 워낙 많아서 어디에 뭘 썼는지 기억하기조차 힘들다. 고쳐야 할 부분을 찾는 일도 어렵다. 수백 쪽 원고를 아래위로 오가며 수정하고 보완하려면 수고스럽기도 하지만, 혼란스러운 게 더 문제다. 그러니 처음에는 하나의 파일로 작성하고 관리하다가 일정 분량이 넘어서면 장(章·Chapter)으로 구분해 관리하는 게 편하다. 분량이 특히 많은 연구 결과 부분은 더 세분하여 관리하기를 권장한다. 파일을 나눠 관리해야 하는 건 시간 허비를 줄이고, 효율적으로 집필 및 수정 등의 작업을 진행할 수 있기 때문이다. 각기 파일로 분류해 관리하고 작업했다가 나중에 한데 묶으면 된다. 어려울 게 없다.

챕터별로 파일을 관리하는 것만큼이나 중요한 게 있다. 작성한 논문 파일을 체계적으로 보관하는 거다. 한 대의 컴퓨터에 하나의 파일로 작업을 하다가, 그 파일이 손상되거나 삭제됐다고 가정 해보자. 누구나 한 번쯤 몇 날을 고생해서 작성한 문서의 전체 또는 일부를 잃은 경험이 있을 거다. 눈앞이 깜깜해지고 하늘이 노래지는 악몽 같은 경험이다. 만약 논문이 그렇게 사라졌다면, 그보다 끔찍한 일은 없을 거다. 그러나 실제로 그런 일은 발생할 수 있다. 방심하면 한순간에 몇 년 고생이 물거품처럼 사라질 수 있다. 자기 실수로 그런 일을 당했다면, 전적으로 본인 책임이다.

상식적인 얘기지만, 안전장치를 해 두어야 한다. 그것도 이중삼중으로 겹겹이 안전장치를 해야 한다. 우선은 파일명을 작성한 날짜와 함께 매일 바꿔주어야 한다. 예를 들어 '0904서론'은 9월 4일까지 작성한 서론이다. 다음날 서론을 수정했다면 '0905서론'으로 표기하면 된다. 귀찮다고 이 작업을 게을리하다 나중에 크게 낭패를 볼 수 있다. 그날그날 업데이트해서 내용을 바꿨다면, 그 파일을 여러 곳에 분산해 보관해야 한다. 메인 컴퓨터 한 곳에 보관하면 사고에 대비할 수 없다. 귀찮더라도 논문을 완성할 때까지 습관화해야 한다. 사전에 슬기롭게 대처하지 못해 발생하는 사고는 전적으로 본인 책임이다.

안전장치는 여러 방법이 있지만, 우선 메인 컴퓨터와 힘께 USB나 외장하드 등 보조기억장치를 활용하는 방법이다. 방심은 금물이란 생각을 가지고, 매일 수정한 논문의 파일명을 업데이트해 보조기억장치에 보관하는 습관을 들여야 한다. 이것만으로도 안전을 담보할 수 없다. 꼼꼼하고 치밀한 성격이 아니라면 "뭘 그렇게까지~"라며 허투루 들을 수 있지만,

매사 불여튼튼이라 했다. 매일 업데이트한 파일을 사이버 공간에 저장하는 일도 겸하면 안전성은 더 강화된다. 가장 손쉬운 방법은 메일 서비스 중 '내게 쓰기'를 활용하는 거다. 내게 쓰기 메일 서비스를 이용하면 안전성을 담보할 수 있을 뿐 아니라 어디서든 필요할 때 논문을 내려받을 수 있다. 비슷한 개념으로 클라우드서비스를 이용해 사이버 공간에 매일매일 업데이트한 내용을 저장하는 방법도 활용할 수 있다.

학위수여식

　대학을 졸업한 사람은 많아도 학위수여식에 참석해 본 경험이 있는 이는 채 1%가 안 될 걸로 본다. 대학원 석사를 졸업한 이들도 같을 거로 본다. 학과사무실에서 나눠주는 학위증을 받은 후, 가운을 입고 운동장에서 가족, 친지, 친구와 사진 촬영한 뒤 가운을 반납하면 그게 졸업식이라고 하는 학위수여식의 전부다. 그러나 박사는 다르다. 박사는 총장이 학위수여자 한 명 한 명에게 학위증을 수여한다. 아무리 인원이 많아도 전원에게 일일이 학위증을 준다. 학위수여식에는 대학원장을 비롯해 대학 내 주요 보직교수와 단과대학장 등이 모두 박사 가운을 입고 참석한다. 학위증을 받으며 비로소 박사가 되었음을 실감한다.

　논문이 통과되고 절차에 의해 논문을 대학 도서관에 제출하는 등의 모든 과정을 마쳐도 이때까지는 수료생 신분이다. 박사학위를 받는 날, 이후부터 공식적인 박사가 된다. 학위증명서도 발급받을 수 있고, 모든 행정 절차상 박사로 인정받는다. 학위수여식이 끝나면 학과사무실이나 지도교수의 연구실로 찾아가 감사 인사를 하는 게 관례다. 이때 전공 원생이 모두 모인

가운데 지도교수가 다시 학위증을 수여하고 기념 촬영을 한다. 전공 동료 원생은 학위증을 나무나 금속, 플라스틱 재질의 패로 만들어 선물한다. 오랜 세월의 고생을 인정받는 감격스러운 날이다. 이날 이후 어느 자리에서든 박사로서 예우받는다.

 박사 가운은 대학원에서 학위수여식 전에 빌려 학위수여식 때 입고 반납한다. 여유 있게 며칠 전에 빌려 스튜디오에 가서 기념사진을 촬영하기도 한다. 박사 가운은 학위수여식 때 외에 입을 일이 거의 없다. 교수도 학장급 이상 보직을 맡으면, 학위수여식 때 입지만, 그렇지 않다면, 가운을 입을 일은 없다. 그런데도 박사학위자 가운데는 박사학위를 기념해 박사 가운을 구매하는 예가 많다. 생활 수준, 소득 수준이 높아지면서 경제적 여유가 생기며 유행하는 현상이다. 기념으로 보관하기 위해서다. 언제부터인가 영면에 들어간 후 입관할 때 박사학위자 시신에 박사 가운을 입히는 일이 유행하고 있다. 이 또한 박사 가운의 구매를 부추기는 요인이다.

 학위논문이 최종 통과된 후 한동안 여러 모임에서 축하연이 이어진다. 가족 축하연을 비롯해 친척, 친지, 친구와 자리가 이어진다. 축하 전화도 많이 걸려 온다. 특히 격려 전화가 많이 걸려 오는 이들은 박사학위자다. 이미 박사학위를 얻은 이들은 얼마나 고생해야 박사학위를 받을 수 있는지 그 수고로움을 누구보다 잘 안다. 학위논문을 준비하면서 못 먹고, 못 자고, 온갖 스트레스에 시달린다는 사실을 잘 알기에 건강검

진을 받아보길 권한다. 실제로 심약하고 소심한 사람은 박사학위를 준비하면서 심한 병을 얻기도 한다.

막상 학위를 받게 되면 주위에서 크고 작은 도움을 준 분들이 떠오른다. 그들에게 보답하고 싶은 마음이 생긴다. 지도교수를 비롯한 교수진, 심사위원, 동료 대학원생 등등 학위를 얻는 데 도움을 준 분들이 많다. 여유가 있다면 음식 대접도 좋겠고, 부담이 되지 않을 선물을 하는 것도 좋겠다. 논문 심사가 통과되기 전에 선물하면 뇌물이 되지만, 모든 절차를 마치고 하는 선물은 고마움에 대한 답례품이 된다. 법적으로도 제재 대상이 아니다. 학위 취득 기념품을 만들어 선물하는 것도, 좋은 방법이다. 기념품을 준비할 때는 주는 사람도, 받는 사람도 부담되지 않을 정도가 적당하다.

박사학위를 얻고 난 후에는 지나치게 겸손 모드로 일관할 게 아니라 적당히 학위 취득 사실을 주위에 알릴 필요가 있다. 박사학위자란 사실을 알려야 주변 사람이 인지하게 되고, 그래야 뜻밖의 좋은 기회와 조우할 수도 있다. 널리 알리면, 원고 청탁이나 강의를 의뢰받기도 한다. 또한 심사위원, 평가위원, 심의위원 등으로 추천받기도 한다. 겸손을 미덕으로 하는 한국 사회에서 박사학위를 얻었다고 셀프 홍보를 하기에 민망한 구석도 있다. 하지만 그 어려운 과정을 거쳐 학위를 얻었다면, 적극 활용할 기회를 얻어야 한다. 더 당당하고 떳떳해질 필요가 있다. 그 어렵다는 박사가 됐으니 말이다.

집필을 마치고

  대학을 졸업하고 직장생활을 하던 중 우연히 석사과정 대학원에 다녔다. 야간에 개설된 대학원이어서 그리 어렵지 않게 다닐 수 있었다. 다니는 과정도, 졸업하는 과정도 순탄했다. 나중에야 그게 직장인을 위한 특수대학원이란 사실을 알았다. 그로부터 20년이 지난 후에 박사과정에 입학했다. 반드시 학위를 얻어야 할 이유는 없었다. '중년에 접어들어 시간적, 금전적 여유가 생겼으니 그냥 한번 다녀볼까' 하는 생각이었다. 그러나 다녀보니 특수대학원과는 차원이 다른 일반대학원이었다. 몇 달 다니고 "앗 뜨거워"하고 소스라치게 놀랐지만, 이미 돌이키기 어려울 지경이었다.

  남들 2년 하는 코스웍을 1학기 더 다녀 2년 반 다녔다. 학부와 석사 전공이 박사 전공과 전혀 다른 것이어서 '선수학습'이란 이름으로 6학점 2과목을 더 수강해야 했다. 코스웍 동안 과제를 제출하고, 발제해 발표하고 하느라 숨 가쁘게 보냈다. 논문에 신경 쓸 여유가 없었다. 수료하고 나니 마음이 가볍고 후련했지만, 수료 이후에 박사과정이 본격적으로 시작된다는 걸 뒤늦게 알았다. 회사에도, 가정에도 복잡한 일이 많았다. 논문에 집중할 수 없는 환경이었다. 지도교수께 아무 생각 없이 쉬어야겠다고 연락드리고, 2년 가까이 학교에 나가지 않은 적도 있다.

이후 코로나 사태가 발생해 연구를 진행할 수 없었다. 연구참여자를 만나 인터뷰하며 연구를 진행해야 하는데 하필 대상자가 노인이어서 질병에 대한 공포감이 유난히 컸다. 연구를 제대로 진행할 수 없었다. 코로나가 끝나고 학교에 다시 나가기 시작했는데, 지도교수가 1년간 미국으로 교환교수로 떠났다. 마음은 조급한데 장애물이 자꾸 생겼다. 이런저런 이유로 무위하며 보낸 시간이 몇 해다. 그러는 사이 하나둘 박사학위를 얻어 졸업하는 사람이 생겨났다. 불안감이 커졌다.

그러던 중 다부지게 마음먹고 학술지 논문을 썼고, 이후 학위논문 작성에 돌입했다. 그렇게 보낸 세월이 10년이다. 학위논문 심사를 앞두고 준비를 시작해 최종 통과될 때까지 3개월 남짓한 세월은 인생에서 가장 고통스러웠던 기간으로 기억한다. 그러나 막상 그 어려운 과정을 마치고 박사가 되니 세상을 다 얻은 듯 기뻤다. 10년의 고생이 한순간에 환희로 탈바꿈했다. 포기하고 싶을 때도 많았지만, 모두 극복하고 성과를 냈으니 스스로 대견했다. 가족에게도 성취하는 모습을 보여 만족스러웠다. 특히 두 아들에게 나이 들어서도 해내는 아버지의 모습을 보여준 게 너무도 자랑스럽다.

주위엔 여전히 박사가 되고픈 이들이 많다. 대개 직업을 가진 이들이다. 그들 대부분은 나처럼 특수대학원에서 석사과정을 마친 이들이다. 내가 그랬던 것처럼 그들은 박사에 관해 제대로 알지 못한다. 특수대학원 다니며 석사학위를 얻을 때 했던 거에 조금만 더 노력하면 박사가 될 거로 알고 있다. 실제로 박사 학위과정을 늦깎이로 시작한 이들이 주위에 많다. 그들에게 지침서를 안길 필요성을 느꼈다. 그래서 이 책을 집필하게 됐다. 이미 시중에 출시된 몇몇 책을 살펴보았는데, 아쉬움이 보였다. 시간제가 아닌 전일제 원생 위주로 구성된 내용이 대부분이었다. 또한 이공계에 초점이 맞춰져 있음도 아쉬운 점이었다. 상위 5% 안에 드는 대학의 이야기가 주류를 이룬 점도 아쉬웠다.

실상 최근의 대학원은 전일제 원생이 지극히 적다. 대부분 현업을 갖고 있는 직업인이 시간제로 대학원에 다니는 사례가 월등히 많다. 그러나 그런 직업인 원생 가운데는 깊이 생각해 대학원 진학을 선택하기보다는 '친구 따라, 강남 간다.' 식으로 '남들 다니니까 나도 다녀볼까.' 하는 마음으로 시작하는 예가 많다. 그러니 대학원이 뭔지, 박사가 뭔지 모르고 제대로 알아보지 않고, 덜컥 입학부터 하고 보는 이가 대학원에 넘쳐난다. 절반 이상은 이렇게 대학원에 입학했다고 본다. 석사라면 모를까 박사는 그렇게 준비 없이 시작하면, 대부분 수료에 머문다.

내가 바로 그런 상황 직전까지 경험했기 때문에 그들의 마음을 너무 잘 안다. 그래서 그들에게 차분히 대학원이 뭐고, 박사과정이 무언지 소개하고, 무얼 어떻게 준비해야 졸업이란 관문을 통과할 수 있을지, 소개하는 책을 집필하고자, 마음먹고 바로 준비했다. 내 경험을 앞세워 단계별로 대학원에 관해 소개하면 그들에게 도움이 될 거로 생각했다. 5개의 장으로 나누고, 각기 장에서 다뤄야 할 부분을 정리했다. 틈틈이 짬을 내 하루에 두세 편씩을 썼다. 그래서 두어 달 만에 모든 집필을 끝냈다. 더 많은 내용을 담아내지 못해 아쉬움이 남는다.

아무쪼록 박사학위를 목표로 대학원에 진학하는 이들에게 많은 도움이 되길 바란다. 절대 포기하지 말라고 강하게 주문하고 싶다. 고생하지 않고 대충 누군가의 도움을 받아 박사가 되고 싶다고 생각하고 있다면, 생각을 바꿔야 한다. 박사학위는 그렇게 호락호락 가질 수 있는 게 아니다. 박사는 학위를 쟁취하는 자보다 중간에 포기하는 자가 너 많다. 이 책이 소개한 점을 참고해 착실히 준비해서 꼭 박사가 되길 바란다. 준비하는 과정은 고통스러울지라도, 열매는 달콤하다. 박사가 된 자기 모습을 상상하며 끝까지 포기하지 말기를 권한다.

2025년 6월 저자 김도운 박사

출간후기

박사가 되고 싶은 이들을 위한 최고의 가이드

권선복(도서출판 행복에너지 대표이사)

한국교육개발원 및 통계청의 자료에 의하면 대한민국의 대학 진학률은 2024년 기준으로 70%가 넘는다. 한때는 80%에 가까웠지만, 그나마 줄어든 거다. 이러한 대졸자 증가의 영향으로 '석사'나 '박사'에 도전하는 수요도 크게 늘었다. 하지만 큰 꿈을 안고 대학원에 어렵게 입학하였음에도, 중·고등학교는 물론 대학교 학부 시절과 전혀 다른 대학원의 분위기에 적응하지 못해 중도에 꿈을 접고 단순 수료에 만족하는 이들이 다수에 이른다.

이 책 『알아야 박사를 하지』는 2015년 박사과정에 입학해 숱한 난관을 극복하고, 2024년 여름 박사학위를 취득한 경험을 가진 김도운 저자가 자신의 경험과 깨달음을 담아 박사과정에 도전하는 대학원생을 위해 집필한 가이드이다. 대학원에서 박사과정을 밟고자 하는 이들을 위한 가이드북이 출간돼, 시중에 몇 종류가 시판 중이나, 김도운 저자는 기존 도서와 다른 관점을 제시했다. 저자는 교수나 연구원을 목표로 하는 전일제 대학원생을 타깃으로 잡은 기존의 도서와는 다르게 다른 직장을 다니면서 대학원에서 박사과정을 밟는 시간제 대학원생을 타깃 삼아 이 책을 출간했음을 분명히 밝히고 있다.

이 책은 '박사가 된다는 건, 세상에 없는 새로운 사실을 밝혀내고 논문이란 정형화한 글을 통해 새로운 연구 결과를 학계에 보고하는 학자가 된 걸 공식적으로 입증받는 것'이라는 명확한 정의를 기반으로 하여 박사과정에 들어서는 대학원생에게 필요한 자세와 역할을 제시한다.

마음가짐부터 시작해 논문의 정의와 쓰는 법, 학부와는 다른 대학원의 교육에 적응하는 법, 지도교수 및 동료들과의 관계를 유지하는 법, 논문 발표 및 심사 과정까지 박사학위를 목표로 정진하는 대학원생이 꼭 알아야 할 실질적인 정보와 팁을 알기 쉽게 전달해 주고 있다. 특히 지도교수 및 동료와 관계를 깊게 쌓기 어려운 시간제 대학원생의 입장에 주목해, 대학원 내 관계 설정에 관한 정보에 많은 페이지를 할애하고 있는 것이 이 책의 특징이다.

바쁜 일상 속에 학문의 열정을 가지고 학자가 되기 위한 길을 걷는 모든 대학원생이 이 책을 통해 시행착오를 줄이고, 꿈꾸던 학위의 성취에 가까이 다가가기를 희망하는 마음을 담아 이 책을 출간한다. 대학원이 뭐고, 논문이 뭐고, 박사가 뭔지 제대로 알게 해주는 유용한 책이다.

좋은 **원고**나 **출판 기획**이 있으신 분은 언제든지 **행복에너지**의 문을 두드려 주시기 바랍니다.
ksbdata@hanmail.net   www.happybook.or.kr   문의 ☎ 010-3267-6277

'행복에너지'의 해피 대한민국 프로젝트!

<모교 책 보내기 운동> <군부대 책 보내기 운동>

한 권의 책은 한 사람의 인생을 바꾸는 힘을 가지고 있습니다. 한 사람의 인생이 바뀌면 한 나라의 국운이 바뀝니다. 그럼에도 불구하고 많은 학교의 도서관이 가난하며 나라를 지키는 군인들은 사회와 단절되어 자기계발을 하기 어렵습니다. 저희 행복에너지에서는 베스트셀러와 각종 기관에서 우수도서로 선정된 도서를 중심으로 <모교 책 보내기 운동>과 <군부대 책 보내기 운동>을 펼치고 있습니다. 책을 제공해 주시면 수요기관에서 감사장과 함께 기부금 영수증을 받을 수 있어 좋은 일에 따르는 적절한 세액 공제의 혜택도 뒤따르게 됩니다. 대한민국의 미래, 젊은이들에게 좋은 책을 보내주십시오. 독자 여러분의 자랑스러운 모교와 군부대에 보내진 한 권의 책은 더 크게 성장할 대한민국의 발판이 될 것입니다.